마
음
을
쏘
다
-
활

마음을 쏘다 - 활

일상을 넘어 비범함에 이르는 길

오이겐 헤리겔 지음　정창호 옮김

걷는책

차례

	006	014	028	034	044	056
	서문	01 선과 활쏘기	02 수업	03 올바른 호흡법	04 처음에 쉬우면 나중에 어렵다	05 연습 또 연습

066	076	088	104	110	128	132
06	**07**	**08**	**09**	**10**	**11**	
스승과 제자	대나무 잎에 쌓인 눈처럼	어둠 속의 표적	시험	명인의 경지	기예 없는 기예의 길	자아의 확장으로 가는 배움의 길

서문

활쏘기를 비롯해 일본 및 기타 동아시아 지역에서
행해지고 있는 다른 모든 기예들의 한 가지 가장 큰
특징은, 그것이 어떤 유용한 목적을 위한 것도 아니고,
그렇다고 순수한 미적인 만족을 위한 것도 아니라는
점이다. 그것은 의식의 수련을 위한 것이며, 또한
의식을 궁극적 현실과 연결시키는 것이다.

그래서 활쏘기는 단지 과녁을 명중시키기 위한
것이 아니며, 검객이 칼을 휘두르는 것은 단지 적을
거꾸러뜨리기 위함이 아니다. 무용수는 단지 음악에
맞춰 몸을 움직이는 데 그쳐서는 안 되고, 무엇보다도
자신의 의식을 무의식의 상태에 조화롭게 합치시켜야
한다.

누군가가 진실로 활쏘기의 대가가 되기를 원한다면,
기술적인 지식의 습득만으로는 충분치 않다.
'기술Technik'을 뛰어 넘어서, 그 기예가 무의식의
상태에서 자라나는 '무능의 기예Nichtgekonnten Kunst'로
되어야 한다.[1]

---

1 - 역주: Technik은 '기술'로 번역하고, Kunst는 '기예'로 번역하였다.
단지 물질적 능력이나 솜씨를 의미하는 기술과 달리, 기예는 기술과
정신이 균형 있게 결합된 상태를 표현한다. 그런 의미에서 기예는
도道와 통한다. 이 책의 저자가 자주 사용하는 '활쏘기의 기예der Kunst
des Bogenschiessens'라는 표현은 사실 '궁도弓道'의 번역어이다.
이 책에서 역자는 한자어 및 일본어에 대한 저자의 독일어 번역을

활쏘기와 관련해서 볼 때, 그것은 사수와 과녁이 두 개의 대립된 대상이 아니라 하나의 현실이라는 것을 의미한다. 궁사는 자기 앞의 과녁을 맞히는 일 이외에는 자기 자신조차 의식하지 않는다. 이러한 무의식의 상태는 궁사가 자기 자신으로부터 벗어나, 완전히 자유롭고 또 완벽한 기술적 숙련과 혼연일체를 이루고 있을 경우에만 도달할 수 있다. 이 상태는 궁도를 배우는 과정에서 거쳐가는 일련의 발전 단계와는 질적으로 다른 어떤 것이다.
전혀 새로운 질서에 속하는 이 다른 경지를 '해탈'이라고 한다. 그것은 직관이지만, 보통 직관이라고 불리는 것과 전혀 다르다. 그래서 나는 그것을 프라즈냐Prajñā, 반야般若의 직관이라고 부른다. 프라즈냐는 '초월적 지혜'라고 바꿔 말할 수 있다. 그러나 이 표현도 프라즈냐의 개념 속에 포함된 모든 함의를 재현할 수는 없다. 왜냐하면 프라즈냐는 모든 사물의 총체성과 개별성을 한꺼번에 파악하는 직관이기 때문이다. 그것은 어떠한 숙고의 과정 없이 영Zero이 곧 무한이고, 무한이 곧 영임을 인식하는

존중하여, '궁도'보다는 좀 번거롭지만 '활쏘기의 기예'라는 표현을 더 자주 사용한다.

직관이다. 이러한 인식은 상징적이거나 수학적인 것이 아니라 직접적으로 지각되는 경험이다.

그러므로 해탈은 심리학적으로 말하면 자아의 한계를 넘어선 피안의 영역이다. 논리적으로는 긍정과 부정의 종합이고, 형이상학적으로는 불변의 존재가 곧 생성 운동이고 생성 운동이 곧 불변의 존재라는 직관적인 파악이다.

선禪과 기타의 종교적, 철학적, 신비주의적 교설 간의 특징적인 차이는 어디에 있을까? 선은 우리의 일상생활에서 결코 소멸되지 않고, 또 실제의 삶에서 응용할 수 있을 만큼 구체적이면서도 동시에 세속의 얼룩지고 번잡스런 연극으로부터 초탈한 어떤 것을 포함하고 있다.

여기서 우리는 선이 활쏘기 또는 검도, 꽃꽂이, 다도, 춤, 여러 예술 등 다른 기예와 관계를 맺게 되는 이유를 알 수 있다.

선은 마조도일馬祖道一(709-788)이 설파했듯이 '일상적 의식'이다. 이 '일상적 의식'은 '피곤하면 잠자고, 배고프면 먹는 것' 이외의 다른 것이 아니다. 반성하고 숙고하고 개념을 만들어내는 순간, 원초적인 무의식의 상태는 사라지고 생각이 떠오른다. 그러면 먹으면서도 먹는 것이 아니고, 잠자면서도 잠자는 것이 아니게 된다. 화살을 쏘았으나 과녁으로 똑바로 날아가지 않고, 과녁 역시 서 있어야 할 그곳에 서 있지 않다. 인간은 사고하는 존재이지만, 계산하고 사고하지 않을 때 위대한 작품을 창조해 낸다. '어린아이다움'은 오랜 세월에 걸친 연습과 자기 망각의 기예를 통해서 다시 얻어진다. 이 단계에 이르면, 인간은 사고하지만 그럼에도 사고하지 않는다. 말하자면 하늘에서 내리는 비처럼 자연스럽게 사고한다. 바다 위에서 철썩이는 파도처럼 자연스럽게 사고한다. 밤하늘에 빛나는 별들처럼 자연스럽게 사고한다. 따스한 봄바람에 움트는 푸른 새순들처럼 사고한다. 더 정확히 말하자면 인간 자신이 바로 비요, 바다요, 별이며, 새순이다. 한 인간이 이런 '정신적' 발전 단계에 도달했다면, 그는 '인생의 선'에 있어 대가大家, Meister이다. 그는 화가처럼 화폭과 붓과 물감을 필요로 하지 않는다. 궁사처럼 활과 화살과 과녁 등의 장비를 필요로 하지 않는다. 대신 그는 팔다리와 몸통 그리고 머리를 가지고 있다. 선의 삶은 이 모든 '도구'들을 통해서 표현된다. 이 도구들은 그의 삶을 밖으로 드러내는 중요한 형식들이다. 그의 손과 발이 붓이며, 전 우주가 화폭이다. 그는 이 화폭 위에 70년 또는 80년 또는 90년 동안 자신의 삶을 그린다. 이 그림이 '역사'이다.

일본 가마쿠라 시대(1185-1333)의 승려인 호넨法演(1133-1212)은 말했다.

"여기 한 사람이 있어 허공을 한 장의 화선지로 삼고, 바다의 물결을 먹으로, 그리고 수미산을 붓으로 삼아서 다섯 글자를 썼다. '조사서래의祖師西來意.'(이 다섯 자의 한자를 문자 그대로 번역하면 '최초의 스승이 서쪽에서 온 이유'이다. 이 주제는 자주 선문답의 내용을 이룬다. 그것은 선의 본질에 대해 묻는 것과 같다. 이것이 이해되면, 선은 이 육체 자체이다.) 그에게 나의 좌구('坐具'는 선승들이 가지고 다니는 한 가지 물건인데, 부처나 스승에게 절을 할 때 앞에 펼쳐 놓는 것이다)를 드리고, 깊이 머리를 조아린다."

이 환상적인 서술이 도대체 무엇을 의미하는지 의문이 들 것이다. 왜 그런 일을 할 수 있는 인간은 최고의 존경을 받아 마땅한가? 어쩌면 선의 대가는 이렇게 대답할지도 모른다. "배가 고프면 먹고, 피곤하면 잠을 자느니." 그럼에도 독자들은 궁사에 대한 물음은 여전히 대답되지 않은 듯이 생각될 것이다.
여기 소개하는 이 경이로운 책에서 독일의 철학자인 헤리겔 교수는 자신의 경험을 명쾌한 필치로 보고하고 있다. 그는 일본에 와서 선을 이해하기 위한 방편으로 궁도를 배웠다. 그의 글은 서양 독자들에게는 도저히 접근 불가능해 보이는 저 특이한 동양적 경험의 세계를 이해시켜 줄 것이다.

1953년 5월 매사추세츠 입스위치에서
스즈키 다이세쓰

스즈키 다이세쓰 鈴木大拙(1869-1966)
선불교 연구의 최고 권위자 가운데 한 사람이다. 일본의 선사이자 불교철학 교수로 교토 대학과 뉴욕 컬럼비아 대학에서 강의했으며, 오랫동안 동양의 선사상을 서양 문화권에 전파했다. 《선불교 입문 An Introduction to Zen Buddhism》 등 선에 대한 많은 책과 논문을 남겼다.

선과

활쏘기

01

얼핏 생각하기에 '선禪'을 활쏘기와 같이 다분히 세속적인 것과 연관시켜 논한다는 것은, 독자들이 선에 대해 어떻게 이해하고 있든 간에 선의 품격을 크게 떨어뜨리는 일처럼 느낄 수 있다. 백번을 양보해서 활쏘기를 단순한 '기술Technik'이 아닌 '기예Kunst'의 수준으로 인정한다 하더라도 활쏘기의 이면에서 육체적인 운동 능력 이상의 어떤 의미를 찾으려는 사람은 많지 않을 것이다.

그렇다면 나는 이 책에서 오늘날 일본에서 활쏘기가 어떻게 국민적 스포츠로 널리 행해지고 있는지를 서술하려는 것인가? 혹시 그런 추측을 했다면, 그것은 완전히 빗나간 것이다. 기예와 문화유산으로서 존중되는 전통적 의미의 활쏘기는 일본인들에게 하나의 스포츠를 의미하는 것이 아니라, 조금 이상하게 들릴지는 모르지만 하나의 '의식儀式'을 의미한다. 그래서 일본인들은 궁도, 즉 '활쏘기의 기예'라는 말에서 신체적 훈련을 통해서 숙달할 수 있는 스포츠 능력이 아니라 정신적인 수련에서 기원하는, 그리고 정신적인 통일을 달성하는 능력을 주로 연상한다. 궁사는 본질적으로 말해서 자기 자신을 겨냥하며, 또 자기 자신을 명중시켜야 한다는 것이다.

이런 이야기는 분명 수수께끼처럼 들린다. 아니

뭐라고? 한때 생사를 건 전투에 동원되었던 활쏘기가 하나의 구체적인 스포츠로 이행되어 살아남은 것이 아니라, 그저 정신적인 수련 과정으로 전락했다는 말인가? 만약 그렇다면 왜 아직도 활과 화살과 과녁이 필요하단 말인가? 이것은 남자들의 유서 깊은 기예인 활쏘기의 진정한 의미를 부정하고 그 자리에 완전히 허무맹랑할 정도까지는 아니지만, 안개처럼 잡히지 않는 어떤 모호한 것을 대신 들여놓는 꼴이 아닌가? 그러나 여기에서 간과해서는 안 될 것이 있다. 활쏘기의 고유한 정신은, 유혈이 낭자한 싸움에서 그 고유성을 입증할 필요가 사라진 오늘날 더욱 순수하고 완전하게 되었다는 것이다. 이 정신은 이미 활 및 화살과 결합되어 있었기 때문에 이제 와서 새삼스럽게 그것들과의 관계를 재정립할 필요는 없다. 그러므로 전통적인 활쏘기의 기술이 전쟁에서 아무런 역할도 하지 못하게 되면서 단지 즐거운 오락으로 변질되었고, 그와 함께 독기가 빠져 버렸다는 주장은 사실이 아니다.

활쏘기의 '위대한 가르침Grossen Lehre'은 이에 대해 이렇게 이야기한다. 활쏘기는 궁사의 자기 자신과의 대결이라는 점에서 여전히 생사가 걸린 문제이다. 이 대결의 방식은 외부적인(예를 들면 구체적인 적과의)

대결을 퇴행적으로 대체하고 있는 것이 아니라, 그러한 대결을 떠받치고 있는 근거이다. 그러므로 궁사의 자기 자신과의 대결에서 이 기예의 비밀스런 본질이 드러난다. 궁도의 전승이 과거 무사도적 실천이 요구했던 유용성을 부정한다고 해도 본질에서는 아무것도 변하지 않았다.

그러므로 오늘날 이 기예를 배우려는 사람은 그간의 역사적 발전 과정(활이 총으로 대체된 과정)으로부터 확실한 이득을 얻는다. 그것은 실용적 목표를 설정함으로써 '위대한 가르침'에 대한 이해를 (불가능하게 만들지는 않는다 해도) 흐리게 만드는 유혹에 넘어갈 필요가 없어졌다는 것이다. 고금을 막론하고 궁도의 대가들이 설파하는 이야기는 모두 한결같다. 활쏘기에 이르는 길은 마음이 순수하고, 활쏘기 외에는 잡념이 없는 사람들에게만 열린다는 것이다.

여기서 한 걸음 나아가 궁도의 대가들에게 '궁사의 자기 자신과의 대결'이란 도대체 무엇을 뜻하는지를 물으면, 그들의 대답은 수수께끼와도 같이 들린다. 왜냐하면 그 대결이란 궁사가 자신을 겨냥하면서 또 자기 자신을 겨냥하는 것이 아닌, 자기 자신을 명중시키면서 또 자기 자신을 명중시키는 것이 아닌 상태, 말하자면 사수가 사수이자 과녁이고 맞추는 자이자 맞는 자인 상태를 의미한다고 말하기 때문이다.
또는 대가들의 심정에 가장 가까운 표현을 사용하자면,
'사수는 움직이면서도 움직이지 않는 중심으로 머무는
것이 중요하다.'

그 다음에야 궁극적인 단계가 등장한다. 곧 기예가
'기예 아님'으로 되고, 쏨은 '쏘지 않음'으로 또는 '활과
화살이 없는 쏨'으로 된다. 스승은 다시 제자가 되고,
명인이 초심자가 되며, 끝이 시작이 되고, 또 시작이
완성이 된다.

동양인들에게는 이러한 비밀스런 공식들이 명료하고
친숙하지만, 유럽인들에게는 완전한 당혹 그 자체이다.
따라서 그 배후로 더 캐물어 들어가는 수밖에 없는데,
일본의 기예들이 그 내면적 형식에 있어서는 공통의
뿌리인 불교로 소급된다는 것은 이미 오래 전부터
유럽에도 잘 알려져 있다. 이는 다도, 꽃꽂이, 검도뿐만
아니라 묵화나 연희와 마찬가지로 활쏘기의 기예, 즉
궁도에도 해당된다. 이 모든 기예는 하나의 공통된
정신적 태도를 전제하며, 또 그것을 각기 고유한
방식으로 연마시킨다. 이 태도의 가장 고양된 형태에서
불교의 본질적 특징과 구도자로서 인간의 본성이
드러난다.

물론 여기서 단순히 불교라고만 말하면 오해의

여지가 있다. 여기서 말하는 불교는 유럽인들이 소위 문헌 자료를 통해 알고 있고 또 이해한다고 주장하는 사변적인 경향의 불교가 아니라, 일본에서는 선불교라고 불리는 '디야나Dhyāna, 선종禪宗' 불교이다. 선불교는 사변이 아니라 직접적인 경험, 즉 존재의 끝이 없는 근거이며 지성에 의해서는 결코 이해할 수도, 파악하거나 해석할 수도 없는 것에 대한 직접적인 경험을 추구한다. 그것은 알지 못함으로써 비로소 아는 경지이다. 이러한 결정적인 경험을 위해 선불교가 선택한 길은 영혼의 가장 깊은 밑바닥에서 근거도 방법도 없는 것을(그것을 말로 표현할 수는 없다) 깨닫고, 더 나아가 그것과 하나가 되는 것이다. 활쏘기와 관련해서 이것이 의미하는 바는 잠정적으로, 그러니까 얼마간 의심스럽기는 하지만 일단 다음과 같이 정리할 수 있다. 활쏘기의 기술을 기예로 만들고 '기예 없는 기예Der Kunstlosen Kunst'로 완성시키는 정신적 연습은 신비적인 연습이며, 그래서 활쏘기는 외적으로 활 및 화살과 관계하는 것이 아니라 내적으로 자기 자신과 관계하는 것이다. 활과 화살은 모두 그것들과 독립해 있는 어떤 것을 얻기 위한 수단이며, 목표 자체가 아니라 목표를 달성하기 위한 도정이고, 마지막의 결정적인 도약을 위한 보조물일 뿐이다.

이러한 논의에 대해 좀더 쉽게 이해하기 위해 선사나 선승들의 자세한 설명에 의지하는 것이 최선의 방법일 수도 있다. 스즈키 다이세쓰鈴木大拙는 그의 《선불교 논집Essays on Zen-Buddhism》에서 일본 문화와 선은 내밀하게 연관되어 있으며, 일본의 기예들, 사무라이의 정신적 태도, 일본의 생활양식, 일본인의 도덕적·미학적 심지어 어느 정도는 지성적 생활양식까지도 선을 토대로 한다는 데 특징이 있고, 따라서 선에 친숙하지 않은 사람은 일본 문화를 제대로 이해하기 어렵다고 주장했다.

최근 독일어로도 번역된 스즈키 다이세쓰의 탁월한 글들[2]과 다른 일본인 학자들의 존경받을 만한 연구는 당연히 많은 관심을 불러일으켰다. 인도에서 발생한 디야나 불교가 중국에서 결정적인 변신을 통해 완숙되고, 마침내 일본에 계승되어 오늘날까지 살아 있는 전통으로 보존되고 있다는 데에는 누구나 기꺼이 동의한다. 그리고 선은 인간 실존의 새로운 방식을 낳았으며, 이것을 통찰하는 일은 아무리 높게 평가해도 지나치지 않다는 데에도 누구나 동의한다.

---

[2] - 스즈키 다이세쓰 《위대한 해방: 선불교 입문Die grosse Befreiung: Einfuhrung in den Zen-Buddhismus》 1958.

그러나 선의 전도사들의 많은 노력에도 불구하고,
지금까지 선의 본질에 대한 유럽인들의 통찰은 지극히
초라한 실정이다. 마치 선의 본질 자체가 유럽인의
깊숙한 틈입闖入을 거부하기라도 하듯, 몇 걸음 더듬어
들어가다 보면 곧 넘어설 수 없는 한계에 부딪힌다.
깨칠 수 없는 어둠에 싸인 채 선은 동아시아의 정신적
삶이 낳은 특별한 수수께끼처럼 보인다. 그것은 풀
길이 없으나, 그럼에도 거부할 수 없는 매력을 지니고
있다.

이러한 고통스런 아쉬움은 어떤 점에서는 지금까지
선이 발전시켜 온 신비적 표현 양식에서 원인을 찾을
수 있다. 현명한 사람이라면 선사에게 해탈의 경험을,
그 사고할 수도 표현할 수도 없는 '진리'를 단순히
풀어서 쉽게 설명해 달라고 요구하지 않을 것이다.
이런 점에서 선은 순수한 몰입의 신비학에 가깝다.
신비적 경험을 하지 못한 사람은 아무리 발버둥을 쳐도
국외자에 머무를 수밖에 없다. 모든 진정한 신비학을
지배하는 이 철칙에는 예외가 없다.

그럼에도 선의 경전으로 간주되는 글들이 지나칠
정도로 많이 있다는 사실이 이와 모순되는 것은
아니다. 그 글들은 결정적인 경험을 한 사람들에게
자기가 독자적으로 터득한 것에 대한 확증을 얻을

수 있게 하고, 또 오직 그들에게만 생생한 의미를
줄 수 있다. 반면 경험하지 못한 자에게 그 글들은
아무 말도 하지 않을 뿐만 아니라(그가 어떻게 행간을
읽을 수 있겠는가?), 아무리 신중하게 몰입해 읽더라도
구제불능의 오류로 빠지고 만다. 그러므로 선은 다른
신비학과 마찬가지로 스스로 신비가인 사람만이,
그래서 타인의 신비적인 경험을 신비적이 아닌 다른
방식으로 자기 마음대로 조작하려는 유혹에 넘어가지
않는 사람만이 이해할 수 있다.

선을 통해서 변화를 겪은 사람, '진리의 불'을 통해서
깨달은 사람은 눈에 띄게 남다른 삶을 영위한다.
그러므로 갈급한 정신적 친화성을 느끼면서 저 형언할
수 없는 위대한 힘에 접근하고자 하는 사람의 경우,
선사가 적어도 목표에 도달하는 길을 서술해 주리라고
기대하는 것은 잘못이 아니다. 물론 단순히 호기심을
가진 사람의 경우에는 그럴 권리마저 없다.

어떤 신비가도, 그러니까 어떤 선사도 단번에 완성된
단계에 도달한 것은 아니다. 진리에 이르기까지 그는
얼마나 많은 어려움을 극복해야 했던가! 불가능한
것을 추구하고 있는 것은 아닌가 하는 절망스런
느낌이 얼마나 자주 그를 괴롭혔던가! 그러나 어느
날 그 불가능한 것이 가능해지고, 심지어 자명한 것이

되었다. 그 길고 괴로운 길에 대한 세심한 서술은 다른 사람들에게 최소한 '나도 그 길을 한번 걸어가 볼까?' 하는 생각을 갖도록 할 것이다. 이런 희망을 품어 봄 직하지 않을까?

그러나 이런 과정과 단계들에 대한 기술은 선에 관한 문헌들에서 거의 찾아볼 수 없다. 이는 한편으로 선사들 자신이 복된 삶에 대한 지침을 제시하는 따위의 일은 하지 않으려 하기 때문이다. 물론 그들은 경험 많은 스승의 세심한 지도 없이는 아무도 그 길을 찾아갈 수 없고, 또 대가의 도움이 없이는 완성에 도달 수 없다는 것을 익히 알고 있다. 그러나 다른 한편 자신의 체험과 극복 그리고 변화가 아직 '그'의 개별적 체험에 머무르는 한, 그것은 한 걸음 더 나아가 체험의 '개별성'마저 제거되어야 한다. 왜냐하면 그렇게 해야 비로소 '삼라만상을 포괄하는 진리', 즉 일상적·개체적인 삶을 넘어선 새로운 삶에 눈뜨게 하는 경험의 토대를 얻을 수 있기 때문이다. 그는 더 이상 자기 삶의 주인이 아님으로써 비로소 진정으로 산다. 왜 선사가 자기 자신과 자신의 수련 과정에 대해 언급을 회피하는가 하는 이유가 여기서 분명해진다. 그것을 자화자찬의 장광설이라고 생각하기 때문이 아니라, 그것이 선에 대한 배반이라고 생각하기 때문이다.

선 자체에 대해 무엇인가를 설명하려 결심하는 일은 이미 진지한 반성의 과정을 전제로 한다.

도대체 선이란 무엇인가라는 물음에 마치 못 들었다는 듯이 묵묵부답으로 일관했던 한 위대한 대가의 일화는 선사들에게 경각심을 불러일으킨다. 어느 선사가 이미 벗어 던진 것 그리고 더 이상 아쉬워하지도 않는 것에 대해 이런 저런 설명을 할 유혹에 빠지겠는가?

이런 정황으로 인해 해답을 들을 수 없다면 내가 할 수 있는 것은 역설적인 공식들을 제시하고 또 과대 포장된 표현들을 사용함으로써 이 난국, 즉 독자들에게 선이 무엇인지 설명해야 하는 어려움에서 벗어날 수 있을 것이다. 그러나 나는 선의 본질을 선의 절대적 영향을 받은 한 가지 기예를 통해서 밝혀 보고자 한다. 이 해명은 물론 선의 근본이 되는 의미에서의 '해탈Erleuchtung'을 뜻하지 않는다. 하지만 적어도 짙은 안개 속에서 희미하게나마 보이는 어떤 것, 폭우 속에서 마치 희미한 섬광처럼 먼 곳에서 치는 벼락을 알려주는 것, 그런 것이 있음을 보여준다.

이렇게 볼 때 활쏘기의 기예는 선으로의 입문 과정이며, 또 그 자체로서는 더 이상 이해할 수 없는 사건들을 구체적인 실행을 통해서 명료하게 보여주는 과정이다. 활쏘기뿐 아니라 앞에서 언급한 어떠한 기예를 통해서도 선으로의 길을 닦는 것은 원칙적으로 가능할 것이다. 이 책에서는 초심자가 활쏘기의 기예를 배워나가는 과정을 서술함으로써 이를 가장 효과적으로 달성할 수 있으리라 생각한다. 더 정확히 말하면, 내가 일본에 머무르는 동안 활쏘기의 대가로부터 받은 약 6년간의 수업에 대해 보고하려 한다. 선에 대해 독자들이 어느 정도 이해할 수 있는 글을 쓰기 위해서(이 입문 과정에 이미 많은 수수께끼들이 숨어 있기 때문에) 내가 할 수 있는 것은 '위대한 가르침'의 정신으로 들어가기까지 내가 넘어야 했던 저항감과 떨쳐야 했던 거부감에 대해 회상하는 것뿐이다. 그러니까 내 의도를 달성할 다른 길이 없기에 나는 내 경험에 대해 보고하는 것이다.

마찬가지 이유로 그중에서 본질적인 것만을 서술하려 하는데, 이는 이 글을 통해서 내가 말하고자 하는 것을 더 정확하게 드러내기 위함이다. 나는 일부러 수업의 진행 방식을 묘사하지 않고, 또 기억 속에 침전된 여러 장면들을 되살리지 않으며, 특히 선생님의 모습을 묘사하는 일 따위는 하지 않으려 한다. 그 일이 아무리 유혹적이라 해도 말이다.

언제나 활쏘기의 기예가 서술의 중심에 놓여야 한다.

활쏘기는 배우기도 어렵지만, 서술하기는 더욱 어렵다. 여기서 나의 서술은, 선이 숨 쉬고 있는 곳에 접해 있는 저 아득한 지평이 보이기 시작할 때까지 나아가야 한다.

수업

02

먼저 내가 왜 선에 빠져들었고, 또 선에 다가가기 위해 왜 하필 활쏘기를 배우게 되었는지 설명할 필요가 있을 것 같다. 나는 이미 학창 시절에 마치 비밀스런 충동에 떠밀리듯 신비주의와 인연을 맺었다. 물론 신칸트주의가 유행하던 당시 시대 분위기와는 전혀 걸맞지 않은 일이었다.

하지만 모든 노력에도 불구하고 나는 고작 신비주의 서적들에 피상적으로만 접근하는 수준에 머물렀다. 신비주의의 근본 현상에 대한 윤곽은 잡을 수 있었지만, 그 비밀을 높은 담처럼 둘러싸고 있는 경계선은 뛰어 넘을 수 있을 것 같지 않았다. 실망스럽게도 신비주의에 대한 수많은 해설서들에도 내가 찾는 것은 없었다.

그래서 오직 진정으로 속세를 떠난 사람만이 '초탈超脫'이 무엇인지 이해할 수 있으며, 자기를 완전히 떠나 무아의 경지에 들어선 사람만이 '신을 넘어선 신'과의 '합일合一'에 도달할 수 있다는 생각에 이르렀다. 즉 스스로 경험하는 것 외에는 신비 속으로 들어가는 길이란 없으며, 경험이 없이 진행되는 신비에 대한 모든 논의는 단지 말장난에 불과하다는 사실을 깨달았다. 그렇다면 우리는 어떻게 신비가가 될 수 있을까? 단지 주관적인 초탈이 아닌 진정한 초탈의 상태에 이르는 방법은 무엇인가? 위대한 대가들과 수백 년의 시간적 간격을 두고 있는 사람들에게도 초탈에 이르는 길은 여전히 존재하는가? 과거와는 전혀 다른 환경에서 살아가는 현대인들에게도 과연 그 길은 존재하는 것일까?

목표에 도달하게 해준다는 여러 과정과 단계들에 대해서 많이 들었지만, 만족할 만한 대답은 어디에도 없었다. 그 길을 가기 위해서 필요한, 한 구간만이라도 명인의 존재를 대신할 수 있는 정확한 방법적 지침 같은 것은 없었다.

그러나 방법적 지침이 있다고 한들 과연 그것으로 충분할 것인가? 방법적 지침을 통해서 얻을 수 있는 최선은, 아무리 좋은 방법론으로도 도달할 수 없는 것을 받아들이도록 하는 데 그치는 것이 아닐까? 그래서 신비적 경험은 인간이 생각해 낸 기획을 통해서는 획득할 수 없는 것이 아닐까? 아무리 생각을 하고, 그 방법을 찾으려 시도를 해보아도 마치 굳게 닫힌 문 앞에 서 있는 느낌이었지만, 그럼에도 그 닫힌 문을 다시 흔들 수밖에 없었다. 시간이 흘러도 신비주의에 대한 그리움은 계속 남았고, 이윽고 그리움이 사그라졌을 땐 그리움에 대한 그리움이 남았다.

그러므로 어느 날(그때 나는 대학 강사가 되어 있었다) 도호쿠 제국대학에서 철학사를 강의하겠느냐는 제안을 받았을 때, 나는 일본과 일본인에 대해 알 수 있는 이 절호의 기회를 거부할 어떠한 이유도 없었다. 오히려 쌍수를 들어 환영할 일이었다. 사실 그 기회를 통해 불교와 참선 및 신비학과 관계를 맺을 수 있다는 기대만으로도 마음이 설레었다. 일본에는 선의 전통이 잘 보존되어 있고 아직도 실행되고 있다는 말을 수없이 들었기 때문에 더욱 그랬다. 또한 수백 년간 갈고 닦은 전수의 기술과, 더 중요하게는 영적 지도의 기예에서 놀라운 경험을 축적한 선의 스승들이 있다고도 들었다. 이러한 여러 가지 기대감으로 일본행을 결정하는 데 주저하지 않았다.

새로운 환경에 약간이나마 적응하자마자 나는 하고자 했던 일을 실현하기 위해 노력했다. 그러나 처음에는 거부 반응에 부딪혔다. 지금까지 진지하게 선을 배우고자 했던 유럽인은 아무도 없었고, 또 선 자체가 '학설'이 되는 것을 원하지 않기 때문에 철학 교수인 나를 '이론적으로' 만족시킬 전망도 없다는 것이었다. 내가 왜 철학적 사변과 무관한 선에 관심을 기울이는지를 이해시키는 데만도 많은 시간이 소요되었다. 그리고 결국, 유럽인인 내가 동아시아의 정신적 삶 중에서도 유럽인에게는 가장 낯선 이 영역에 입문하기란 기대하기 어렵지만, 다만 선과 관계가 있는 일본의 기예들 중에서 하나를 직접 배우는 과정을 통해서는 가능할 수도 있겠다는 조언을 들었다. 일종의 유치원을 다녀야 한다는 생각은 나에게 아무 문제가 되지 않았다. 선에 접근할 수 있는 희망이 있기만 하다면 어떤 양보도 불사할 준비가 되어 있었다. 그리고 힘든 우회로라 할지라도 길이 없는 것보다는 훨씬 낫다고 생각했다.

그러면 이런 목적을 위해 거명된 기예들 중에서 무엇을 선택할 것인가? 나의 아내는 별 망설임 없이 꽃꽂이와 묵화를 택했다. 반면 나는 활쏘기에 흥미가 끌렸다. 나중에 전혀 잘못된 생각임이 드러나긴 했지만, 총기를 다루어 본 경험이 있으니 조금이나마 도움이 되지 않을까 하는 생각에서였다.

나는 대학 동료인 법학과의 고마치야 소조小町谷操三 교수에게 그의 활쏘기 선생이자 당대의 대가였던 아와 겐조阿波研造에게 사사를 받을 수 있게 해달라고 청했다. 고마치야 소조 교수는 이미 20년 동안 활쏘기를 배워 대학 내에서는 이 분야의 최고 전문가로 알려져 있었다. 아와 겐조 선생님은 나의 청을 처음에는 거절했는데, 그 이유는 이미 한 외국인에게 활쏘기를 가르친 바 있으나 결과가 별로 좋지 않았다는 것이었다. 외국인 제자를 활쏘기의 고유한 정신으로 괴롭힐 필요가 없으니, 또 한 번 내키지 않는 일을 하고 싶지는 않다는 것이었다.

자신의 일을 그토록 진지하게 여기는 이 대가는, 나를 가장 어린 제자처럼 다루어도 좋으며, 내가 재미로 활쏘기를 배우려는 것이 아니라 그 '위대한 가르침'에 다가서려 하기 때문이라고 맹세했을 때에야 비로소 나를 그리고 내 아내를 제자로 받아들였다. 일본에서는 예로부터 여자가 활쏘기를 배우는 일을 예사롭게 여겼고, 선생님의 부인과 두 딸도 열심히 연습을 하고 있었다.

이렇게 해서 진지하고도 엄한 수업이 시작되었다. 이 수업에는 기쁘게도 우리를 위해 헌신적으로 애써 준 고마치야 씨도 통역으로 참여했다. 게다가 나는 내 아내가 받는 꽃꽂이와 묵화 수업에도 청강생으로 참여해서 비교와 보완을 통해 더 넓은 이해의 기초를 마련할 수 있었다.

올바른 호흡법

03

'기예 없는 기예'의 길이 쉽지 않다는 것을 우리는 첫 시간에 벌써 알게 되었다. 선생님은 먼저 일본 활을 보여주고, 이 활의 탁월한 장력은 그것의 독특한 구조와 활을 만드는 데 주로 쓰는 재료, 즉 대나무로부터 나오는 것이라고 설명해 주었다. 그러나 그에게는 약 2미터에 달하는 긴 활의 고아한 형태에 우리의 주의를 기울이게 하는 것이 더 중요한 듯 보였다.

활의 고아한 형태는 시위를 걸어 팽팽하게 만들자마자 드러났는데, 시위를 점점 더 세게 당길수록 더욱 더 놀라운 형태를 띠어 갔다. 시위가 최대한으로 당겨졌을 때, 활은 '삼라만상'을 담게 된다고 선생님은 설명했다. 그래서 올바르게 활을 당기는 법을 익히는 것이 중요하다고 말했다. 그리고 그가 가장 강하고 좋은 활을 잡고 매우 경쾌한 동작으로 두어 차례 시위를 약간만 당겨서 퉁기자, 날카로운 음과 깊은 저음이 섞인 묘한 소리가 울려나왔다. 누구라도 그 소리를 들으면 결코 잊을 수가 없을 것 같았다. 그토록 독특하고, 또 거침없이 심금을 울렸다. 예로부터 그 소리는 귀신을 쫓는 비밀스런 힘이 있다고 알려졌는데, 나는 왜 일본인들이 그런 의미를 부여했는지 충분히 이해할 수 있었다.

이 중요한 시작 의식 후에 선생님은 자기를 정확히 보라고 요구했다. 그는 화살을 재고, 있는 힘껏 활을 당겼다. 이윽고 나는 삼라만상을 활 속에 담는다는 그의 약속이 헛말이 되지나 않을까 두려울 지경이 되었다. 활이 부러지지는 않을까 눈을 뗄 수 없었다. 그때서야 그는 마침내 활을 쏘았다. 그 모습은 매우 아름다웠을 뿐 아니라 아무런 힘도 쓰지 않는 듯이 보였다.

그러고 나서 선생님은 다음과 같이 지시했다.

"똑같이 해보되, 활쏘기는 근육을 단련하기 위한 것이 아님을 명심하십시오. 활시위를 당기기 위해서 온몸의 힘을 쏟아서는 안 됩니다. 단지 두 손만을 사용하는 법을 배워야 합니다. 그리고 팔과 어깨의 근육에는 힘이 들어가지 않아서, 마치 활쏘기와 무관한 듯이 보여야 합니다. 이것을 배우면 비로소, '활 당기기와 쏘기가 정신적으로 이루어지기 위한' 조건 중 하나가 이루어지는 것입니다."

이 말을 마치고 그는 나의 두 손을 잡고 천천히 올바른 동작의 과정을 따라하게 해주었다. 그것은 내가 느낌으로 그 동작을 익히게 하기 위해서였다.

첫 시도에서부터 이미 나는 중간 강도의 연습용 활을 당기기 위해서도 안간힘을, 다시 말해 온몸의 힘을 다 쏟아야만 한다는 사실을 알았다. 더구나 일본 활은 유럽의 스포츠 활처럼 몸을 밀어 넣어 힘을 주기 쉽도록 어깨 높이로 잡는 것이 아니라, 화살을 재고 나서 곧바로 팔을 곧게 편 채로 높이 들어 궁사의 손이 머리 위에 오도록 해야 한다. 그러므로 두 손을 오른쪽과 왼쪽으로 똑같은 힘으로 잡아당기는 수밖에 없다. 그리고 서로 점점 더 멀어질수록 두 손은 곡선을 그리면서 밑으로 내려온다. 마침내 활을 쥔 왼손이 팔을 곧게 편 상태에서 눈높이에 이르고, 시위를 쥔 오른손은 팔이 굽혀진 상태에서 오른쪽 어깨 관절 위에 이른다. 그러면 약 1미터 가량의 화살촉이 활의 바깥 끝에서 약간 더 나와 있는 상태가 되는데, 이것이 최대로 당겼을 때의 상태이다.

이제 사수는 화살을 쏘기 전에 같은 자세로 잠시 동안 가만히 있어야 한다. 활을 팽팽히 당기고 가만히 있기 위해서는 엄청난 힘이 필요했다. 내 손은 금세 떨리기 시작했고, 호흡은 점점 가빠졌다.

이것은 그 다음 주에도 마찬가지였다. 활 당기기는 어려운 문제로 남았고, 아무리 열심히 연습을 해도 '정신적으로' 되려 하지 않았다. 나는 자위하는 마음으로 문제는 모종의 단순한 기술에 있는데, 무슨 이유에선지 선생님께서는 그것을 알려 주지 않는다고 상상하게 되었다. 나는 그 기술을 찾는 데 심혈을 기울였다.

나는 이 목표에 고집스럽게 집착하면서 연습을 계속했다. 선생님은 주의 깊게 나의 노력을 지켜보고, 조용히 나의 어색한 자세를 교정했으며, 열심히 한다고 칭찬했고, 너무 힘을 쏟는다고 나무랐지만, 내가 하는 대로 내버려 두었다. 다만 내가 활을 당길 때마다 통증이 일어나는 곳을 건드리며 그 동안 알게 된 독일어 단어로 "힘을 빼고gelockert!"라고 소리쳤는데, 결코 참을성과 정중함을 잃지 않았다. 오히려 참을성의 한계에 도달한 것은 나였다. 나는 가르쳐 주신 대로는 도저히 활을 당기지 못하겠다고 고백하고 말았다. 그때서야 선생님은 이렇게 설명했다.

"그게 안 되는 이유는 숨을 바르게 쉬지 않기 때문입니다. 숨을 들이마신 뒤 가만히 호흡을 눌러서 배를 약간 팽팽하게 하고, 잠시 그대로 계십시오. 그러고 나서 가급적 천천히 그리고 고르게 숨을 내쉬고, 잠시 멈춘 후 다시 빠르게 공기를 들이마시십시오. 내쉬고 들이쉼을 계속하는데,

그 리듬은 차차 저절로 정해질 것입니다. 이렇게
호흡을 올바로 하면 활쏘기가 날이 갈수록 쉬워짐을
느낄 것입니다. 호흡을 통해서 모든 정신적 힘의
원천을 발견할 뿐 아니라 긴장을 풀수록 이 샘물이
점점 더 풍부하게 흐르면서 더 가볍게 당신의 사지로
흘러드는 상태에 이를 것입니다."

증명이라도 하듯 그는 자신의 강한 활을 당기더니, 뒤로
와서 팔의 근육을 만져 보라고 했다. 선생님의 팔은
정말로 아무 힘도 쓸 필요가 없다는 듯이 전혀 힘이 들어
있지 않았다.
새로운 호흡법을 활과 화살 없이 오래 연습한 끝에,
마침내 익숙하게 할 수 있었다. 처음에 느꼈던 머리가
약간 혼미해지는 증상은 곧 사라졌다. 선생님은 숨을
내쉴 때 숨이 가급적 느리면서 고르게 흘러나오다가
마침내 멈추게 되는 과정을 매우 중요시했으며, 그래서
내쉬기를 "음" 하는 콧소리와 함께 하도록 했다.
그것은 연습과 감독을 위한 것이었다. 그리고 마지막
숨결과 함께 소리도 멈추었을 때, 비로소 다시 공기를
마시도록 했다.
한번은 선생님께서 말씀하시기를, 들숨은 매고
묶으며, 들이마신 숨을 간직함에서 모든 것이 제대로

이루어지고, 날숨은 모든 제한을 넘어섬으로써 묶인
것을 풀고 또 완성한다고 하셨다. 그러나 당시에
우리는 이 말을 이해할 수 없었다.
이어서 선생님은 호흡법을 활쏘기와 연관시키는
단계로 넘어갔다. (호흡법은 물론 그 자체에 목적이 있었던
것이 아니다.) 활을 당기고 쏘는 모든 과정은 다음의 여러
단계로 나뉘었다. 즉 활을 잡고, 화살을 재고, 활을 높이
들고, 활을 당기고, 최대로 당긴 상태에서 잠시 멈추고,
쏘는 것이다. 각 단계는 들숨으로 시작되어 숨을 눌러
멈춘 상태에서 지속되고, 날숨과 함께 마감된다.
이 과정에서 호흡은 스스로 제자리를 찾았고, 각각의
자세와 동작들에 명확한 강세를 주었을 뿐 아니라
그것들을 리드미컬한 과정으로 엮어 주었다. (각자의
호흡 능력에 따라 다르긴 했지만, 우리 모두에게 그런 과정이
일어났다.) 그래서 부분들로 나뉘어졌음에도 불구하고
전체 과정은 철저히 완결된 살아 있는 무엇처럼
느껴졌다. 전체의 의미와 성격을 손상시키지 않고도
부분을 마음대로 덧붙이고 떼어낼 수 있는 것이
통상적인 운동 연습과는 전혀 달랐다.
언제나 그 시절을 떠올릴 때면 올바로 숨을 쉬는
것이 처음에는 얼마나 어렵게 느껴졌던지 다시금
절감하곤 한다. 비록 기술적으로는 올바로 호흡했지만,

활을 당길 때 팔과 어깨 근육에 힘을 빼야 한다는 데
주의를 기울이면 나도 모르게 다리 근육이 격렬하게
경직되었다. 마치 두 발로 버티고 견고하게 서
있는 데에 내 목숨이 걸렸다는 듯이, 그리고 마치
가이아의 아들인 안타이오스처럼 모든 힘을 대지에서
빨아들여야 한다는 듯이 말이다. 그러면 선생님이 얼른
달려와서 다리 근육의 특히 예민한 부분을 아프게
지압하곤 했다.
그러던 중 한 번은 죄송스런 마음에 나름대로는 힘을
빼려고 무척 애를 쓰고 있노라고 말하자, 그는 이렇게
대답했다.

"당신이 애를 쓴다는 사실, 그에 대해 생각을
한다는 사실이 바로 문제입니다. 다른 일은 전혀
생각할 필요가 없으니, 오직 숨 쉬기에만 정신을
집중하십시오!"

선생님이 요구하는 것을 달성하기까지 또 다시
긴 시간이 걸렸다. 그러나 나는 결국 달성했다.
무념무상으로 숨 쉬기에 빠져드는 것을 배웠고, 때때로
숨을 쉬는 것이 아니라 이상하게 들릴지는 모르지만
'숨 쉬어진다'는 느낌이 들었다. 이 기상천외한 발상에 저항해서 몇 시간이고 곰곰이 생각해 보았으나, 선생님이 약속했던 것이 숨 쉬기를 통해 이루어졌다는 사실은 더 이상 의심할 수 없었다. 시간이 갈수록 점점 더 자주, 몸 전체의 힘을 완전히 뺀 상태에서 활을 당기고 또 쏘기까지 그 자세를 유지하는 데 성공했던 것이다.

그러나 그것이 어떻게 이루어지는지 설명할 수는 없었다. 아직까지는 성공한 횟수가 몇 번 되지 않았고 대부분 실패하고 말았는데, 다만 그 질적인 차이는 너무도 명확해서 마침내 나는 '정신적으로' 활을 당긴다는 말의 의미가 어떤 것인지 이해한다고 기꺼이 인정했다.

그러니까 문제는 내가 헛되이 캐내려고 했던 기술적인 요령이 아니라, 나를 자유롭게 하여 새로운 가능성을 열어 준 호흡법에 있었던 것이다. 내가 경솔하게 이 말을 하고 있는 것은 아니다. 이런 경우는 아주 비범한 경험과 관련되기 때문에, 그 강한 영향력에 굴복하고 자기기만에 빠져 그 경험의 중요성을 과장하려는 유혹이 얼마나 큰지를 나는 잘 알고 있다. 모든 세심한 의심과 냉철한 자제를 동원하였으나, 그럼에도 새로운 숨 쉬기를 통해서 달성된 결과는 너무도 명확한 언어로 말하고 있었다. 나는 이윽고 선생님의 강한 활조차도 힘을 빼고 당길 수 있게 되었던 것이다.

고마치야 선생과 이 일에 대해 자세하게 이야기하는 자리에서 나는 왜 선생님께서 그렇게 오랫동안 내가 활을 '정신적으로' 당기려고 헛되이 애쓰는 것을 알면서도 그저 수수방관했는지를 물었다. 다시 말해 왜 처음부터 올바른 호흡에 대해 말해주지 않았는지를 물었던 것이다. 그는 이렇게 대답했다.

"위대한 명인은 동시에 위대한 스승입니다. 우리에게 이 두 가지가 한데 속한다는 것은 자명합니다. 만약 수업을 호흡법에서 시작했다면, 아마도 호흡에 결정적인 것이 들어 있다는 사실을 납득시킬 수 없었을 것입니다. 당신은 먼저 스스로의 거듭된 시도를 통해서 좌절을 겪어야 했습니다. 그 후에야 비로소 던져주는 구명 튜브를 움켜쥘 준비가 되었던 것입니다. 제 경험으로는, 선생님께서는 당신과 모든 제자들에 대해 우리가 우리 스스로를 알고 있는 것보다 훨씬 더 잘 알고 계십니다. 이것은 정말입니다. 그는 제자들의 영혼에서 우리들이 인정하고 싶어 하는 것보다 더 많은 것을 읽고 계시지요."

처음에 쉬우면 나중에 어렵다

04

일 년 뒤에야 마침내 활을 '정신적으로', 말하자면
강력하게 그러나 힘을 쓰지 않고 당길 수 있게 되었다.
이것은 그리 놀라운 성과라고 할 수 없었지만, 나는
만족했다. 왜냐하면 새로운 사실이 이해되었기
때문이다. 즉 왜 사람들이, 상대가 혼신의 힘을
다해 가해 온 공격을 태연히 아무 힘도 쓰지 않고
유연하게 받아 줌으로써 오히려 그 힘을 되돌려
상대를 쓰러뜨리는 체계적인 호신술을 '부드러운
기예유도柔道'라고 부르는지 이해할 수 있었다. 그리고
아주 오래 전부터 왜 유도의 원형을, 피해 가지만
결코 후퇴하는 법이 없는 물水에서 찾는지도 이해할
수 있었다. 이런 맥락에서 노자는 올바른 삶이란
모든 것에 따르면서 모든 것에 스스로를 맞추는 물과
같다는 심오한 말을 했던 것이다. 그리고 "처음에 쉽게
터득한 자는 나중에 그만큼 어렵다"는 선생님의 말씀이
문하에서는 이미 널리 퍼져 있었다. 나의 시작은 정말
어려웠다. 그러니 내가 아직 남은 과정과 어렴풋이
짐작되는 앞으로의 어려움에 대해 어느 정도 자신감을
가질 만하지 않았겠는가?
다음 단계는 쏘기였다. 지금까지는 아무 생각 없이
쏘면 그만이었다. 말하자면 쏘기는 당분간 논외로
되어 연습의 언저리에만 머물렀다. 화살이 어디로

날아갔는가 하는 것도 아직 문제가 되지 않았다.
화살이 짚으로 만든 둥치에 꽂히면 그것으로 충분했다.
사실 둥치는 겨우 2미터 앞에 놓여 있었기 때문에
그것을 명중시키는 것은 대단한 일이 아니었다.
그러므로 지금까지는 더 이상 힘껏 활을 당기고
있을 수 없게 되었을 때, 다시 말해 한껏 벌린
팔이 다시 오그라들지 않으려면 활을 놓는 수밖에
없다고 느낄 때, 활시위를 놓았다. 활을 당기는 것이
통증을 수반하지는 않았다. 활시위의 압력이 오래
지속되어도 불편을 느끼지 않도록, 그래서 최대로 당긴
상태에 머무르는 시간이 성급하게 단축되지 않도록
엄지손가락에 두툼하게 솜을 먹인 가죽 장갑을 꼈기
때문이다.
활을 당길 때 엄지는 화살 아래에서 시위를 감아
싸고, 검지, 중지, 약지는 그 위를 단단히 덮으며
동시에 화살을 흔들리지 않게 고정시킨다. 그 다음에
이루어지는 발사는 엄지를 둘러싼 손가락들을 풀어
엄지를 자유롭게 해줌을 의미한다. 그러면 시위의
강력한 반발력으로 엄지가 순식간에 곧게 펴지고,
시위가 울면서 화살이 날아간다.
지금까지 나의 발사는 언제나 강한 움찔거림을
동반했다. 그것은 눈에 보일 정도로 몸 전체를 강하게

흔들었고, 당연히 활과 화살에도 영향을 미쳤다. 흔들리는 활과 화살로는 부드럽고 그리고 무엇보다도 안정된 발사가 될 수 없다는 것은 자명하다.

"당신이 지금까지 배운 것은 모두 발사를 위한 준비였습니다. 이제 우리는 새로울 뿐만 아니라 특히 어려운 과제 앞에 서 있으며, 동시에 활쏘기의 새로운 단계로 들어갑니다."

힘을 빼고 활을 당기는 나의 솜씨에 더 나무랄 데가 없다고 판단되었는지, 어느 날 선생님은 그렇게 말했다. 이 말과 함께 그는 활을 집어서 당기고, 쏘았다. 그때서야 나는 선생님의 오른손이 갑자기 열리고, 시위를 놓으면서 순간적으로 뒤로 움직였지만, 몸은 미동도 하지 않았다는 사실을 깨달았다. 발사 직전 예각을 이루었던 오른팔은 비록 갑자기 열렸지만, 부드럽게 움직이며 펴졌다. 그러면서 불가피한 움찔거림은 탄력적으로 흡수되면서 소거되었다. 튕기어 나가는 활시위의 날카로운 굉음과 화살의 파괴력이 발사의 강도를 드러내지 않았다면, 사람들은 발사의 이면에 그런 큰 힘이 내재되어 있음을 전혀 눈치 챌 수 없었을 것이다. 선생님의 발사는 너무도 단순하고 평범하게 보여서 마치 장난인 듯이 여겨졌다. 큰 힘이 요구되는 일을 힘쓰지 않고 해내기, 바로 거기서 느껴지는 아름다움을 동양인들은 특별히 주목하고 또 높이 평가함에 틀림없다. 반면 나에게 그 상황은 부드러운 발사가 '명중률을 높여준다'는 점에서 더 중요하게 여겨졌다. (당시 내가 도달한 단계에 비추어 볼 때, 그 밖의 다른 생각은 떠올릴 수 없었다.) 나는 총기 사격의 경험을 통해 사선射線에서의 흔들림으로 인한 아주 사소한 벗어남이 명중률에 얼마나 큰 영향을 미치는지 잘 알고 있었다. 지금까지 배우고 연습한 모든 것이 나로서는 이런 관점에서만 이해되었다. 힘을 빼고 당기기, 최고로 당긴 상태에서 힘을 빼고 머물기, 힘을 빼고 발사하기, 힘을 뺀 채 움찔하는 떨림을 상쇄하기 등 이 모든 것은 활쏘기를 그토록 공력과 인내를 들여 배우는 목적, 즉 명중률을 높이기 위한 기술이 아닌가? 그렇다면 왜 선생님은 지금까지 연습하고 또 익숙해진 활 당기기와 전혀 다른 새로운 과정을 이제부터 다룬다는 듯이 말씀하신 것일까?

이런 의심에도 불구하고 나는 선생님의 가르침에 따라서 열심히 또 성실하게 연습했다. 그러나 모든 노력은 허사였다. 심지어는 이전에 내가 아무 생각 없이, 될 대로 되라는 식으로 발사를 하던 때에 더 잘 쏘았다는 생각이 들었다. 그리고 이제야 알게 된 사실은 오른손을 열 때, 특히 엄지를 누르던 세 손가락을 열 때, 힘이 들어가지 않을 수 없다는 것이었다. 그 결과는 발사 순간의 움찔거림으로 연결됐고, 그것은 흔들림을 유발했다. 더구나 갑작스레 자유로워진 손의 급작스런 움직임을 완충시키기란 더욱 어려웠다.

선생님은 올바른 발사를 계속해서 시범 보였다. 나도 계속해서 그와 똑같이 해보려고 했지만, 점점 더 불안정해질 뿐이었다. 마치 다족류 벌레가 어떤 순서로 다리를 움직여야 할지 생각하기 시작한 다음부터 더 이상 움직일 수 없게 된 것과 같은 상황에 빠진 듯했다. 이런 거듭된 실패에 대해서 선생님은 분명 나보다 덜 당혹해 하는 눈치였다. 일이 이렇게 될 줄 이미 알고 있었던 것일까? 선생님은 말씀하셨다.

"해야 할 것에 대해 생각하지 마십시오. 어떻게 하면 될 지를 궁리하지 마십시오. 쏠 때는 쏘는 사람 자신도 모르게 쏘아야만 흔들림이 없습니다. 활시위가 엄지손가락을 순간적으로 베어버린 듯이 되어야 합니다. 다시 말해 오른손을 의도적으로 열어서는 안 됩니다!"

수 주, 수 개월의 소득 없는 연습이 계속 이어졌다. 선생님의 활 쏘는 모습에서 언제나 모범을 찾을 수 있었고, 또 올바른 발사의 본질을 볼 수 있었다. 그러나 나는 단 한 번도 그렇게 할 수가 없었다. 발사가 되기를 헛되이 기다리다 보면 나는 더 이상 견딜 수 없게 된 활의 장력에 굴복하게 되고, 내 양손은 천천히 서로 가까워졌다. 당연히 발사는 이루어지지 않았다. 이를 악물고 숨이 가빠올 정도로 버티고 있으면, 어쩔 수 없이 팔과 어깨 근육을 사용하지 않을 수 없었다. 나는 비록 움직이지 않고 제자리에 서 있었지만(마치 동상 같다고 선생님은 조롱했다), 사지는 굳어졌고 유연함은 사라져 버렸다.

그러던 어느 날 우연인지 아니면 선생님의 의도에서인지 우리는 함께 차를 마시게 되었다. 나는 이 고대하던 기회를 놓치지 않고 속에 있는 이야기를 털어놓았다.

"발사가 제대로 되려면, 손이 열릴 때 움찔거려서는 안 된다는 것을 잘 알고 있습니다. 그러나 어떻게 해보아도 항상 실패하고 맙니다. 제가 시위를 최대한 세게 잡고 있으면, 손을 열 때 흔들리는 것은 피할 수 없습니다. 반대로 가급적 유연하게 잡으려고 애를 쓰면, 활시위는 완전히 당겨지기도 전에 정말 의도하지 않았는데 너무 빨리 튕겨 나갑니다. 이 두 가지 방식의 실패 사이에서 방황하고 있는데, 출구를 찾을 수가 없습니다."

그러자 선생님이 대답했다.

"당겨진 활시위를 마치 어른이 내민 손가락을 꽉 쥐어 잡는 어린아이처럼 잡아야 합니다. 아이는 손가락을 강하게 감아쥐어서, 우리는 그 작은 손에서 어떻게 그런 큰 힘이 나오는지 놀라곤 합니다. 그런데 아이가 손가락을 놓을 때는 아무 미동도 없습니다. 왜 그런지 아십니까? 아이는 생각하지 않기 때문입니다. 예를 들어 이제 손을 놓고 다른 것을 잡아야지 하는 그런 생각 말입니다. 아무 생각도 의도도 없이, 아이는 이것에서 저것으로 관심을 돌립니다. 우리는 아이가 사물을 가지고 논다고 말하곤 합니다. 그러나 어쩌면 사물이 아이들과 논다는 표현이 더 맞을 수도 있습니다."

"선생님께서 그 비유를 통해서 말씀하시고자 하는 것을 이해할 수 있을 것도 같습니다. 그러나 저는 전혀 다른 상황에 있지 않습니까? 제가 활을 당기고 있으면, 어느덧 지금 당장 발사하지 않으면 더 이상 당기고 있을 수 없다고 느끼는 순간이 옵니다. 그러면 그 다음에 무슨 일이 일어납니까? 숨이 가빠온다는 것밖에는 없습니다. 그러므로 원하든 원치 않든 제 스스로 화살을 발사할 수밖에 없습니다. 더 이상 기다리고 있을 수가 없기 때문입니다."

선생님은 이렇게 대답했다.

"어디에 어려움이 있는지를 아주 잘 설명해 주었습니다. 왜 발사의 순간을 기다릴 수 없고, 왜 발사가 되기 이전에 숨이 가빠지는지 아십니까? 올바른 순간에 올바른 발사가 이루어지지 않는 것은 자기自己로부터 벗어나지 못하기 때문입니다. 당신은 발사 자체에 온 정신을 쏟지 않고, 미리부터 성공이냐 실패이냐를 고민하고 있습니다. 이런 식이라면, 당신이 의도하지 않는 움찔하는 동작을 자초할 수밖에 없습니다. 그러면 당연히 손은 올바른 방식으로, 즉 어린아이의 손처럼 열리지 않습니다. 당신의 손이 잘 익은 밤송이 껍질처럼 저절로 벌어지지 않는다는 말입니다."

그러나 이러한 해설이 나를 더 혼란스럽게 할 뿐이라고 선생님에게 고백하지 않을 수 없었다.

"왜냐하면 저는 결국 목표를 맞추기 위해서 쏘기 때문입니다. 그러니까 당기고 쏘기는 그런 목적을 위한 수단입니다. 이런 관계를 도저히 도외시할 수가 없습니다. 어린아이는 아직 그것을 모르지만, 저는 그것을 없는 일로 할 수가 없습니다."

그러자 선생님은 언성을 높여 말했다.

"진정한 기예는 목적도 의도도 없습니다. 목표를 정확하게 맞추기 위해서 화살을 발사하는 법을 배우는 데 집착하면 할수록 목표를 맞추기는 더 어렵고, 또 발사법은 더 배워지지 않습니다. 당신이 지나치게 집착하고 있다는 사실이 방해가 됩니다. 당신은 의식적으로 행하지 않은 일은 결코 일어나지 않을 것이라고 생각하고 있습니다만……."
"하지만 선생님께서 활쏘기는 오락거리나 목적 없는 유희가 아니라, 삶과 죽음이 걸린 일이라고 누누이 말씀하시지 않았습니까?"
"거기에는 변함이 없습니다. 활의 명인들은 이렇게

말하지요. '하나의 발사는 하나의 생명이다!' 이 말이 의미하는 바를 당신은 아직 이해하지 못할 것입니다. 어쩌면 똑같은 경험을 표현하는 다른 비유가 도움이 될지도 모르겠군요. 활의 명인들은 이렇게 말합니다. '궁사는 활의 위쪽 끝으로 하늘을 찌르고, 아래쪽 끝에는 비단실로 대지를 묶어 건다. 발사가 강한 흔들림과 함께 이루어지면 실이 끊어질 위험이 있다. 그러면 음흉하고 폭력적인 사람들에게 이 천지 간의 균열은 영원한 것이 되고, 인간은 하늘과 대지 사이의 구원 없는 세상에 머무른다'."
"그러니까 제가 어떻게 해야 한다는 말씀입니까?" 나는 생각에 잠긴 채 물었다.

"참된 기다림을 배워야 합니다."
"하지만 어떻게 그것을 배울 수가 있지요?"
"자기 자신으로부터 벗어남으로써이지요. 단호하게 자기 자신과 자신의 모든 것을 던져 버려서, 오직 의도하지 않은 긴장만이 남도록 해야 합니다."
"그러니까 의도를 가지고 무의도적으로 되라는 말씀입니까?" 하고 나도 모르게 반문했다.
"아직 어떤 학생도 그런 질문을 한 적은 없습니다. 그래서 나도 그 답은 모르겠군요."

"그럼 언제 그런 새로운 연습을 시작하게 됩니까?"
"때가 올 때까지 기다리십시오!"

연습 또 연습

활쏘기 수업이 시작된 이래 최초의 그 내밀한 대화는 나에게 커다란 감동을 주었다. 이제야 비로소 내가 활쏘기를 통해 배우려고 했던 바로 그 문제가 다루어졌던 것이다. 선생님이 이야기했던 자기로부터 벗어남이 혹시 허무와 초탈로 가는 과정이 아닐까? 이로써 나는 활쏘기의 기예에 포함된 '선'을 느낄 수 있는 곳에 도달한 것이 아닐까? 그러나 아무 의도도 갖지 않고 그저 기다리는 것이 활이 충분히 당겨진 상태에서 발사하는 것과 어떤 관계에 있는지는 아직 이해할 수 없었다. 하지만 어찌되었든 내가 너무 많은 생각을 하고 있다는 것은 분명했다. 오직 경험만이 가르쳐 줄 수 있는 것을 무엇 때문에 머릿속에서 먼저 그려 보려고 하는가? 이 소득 없는 집착을 던져 버려야 할 때가 아닐까? 마치 어린아이처럼 선생님 손에 이끌려 따라가는 다른 제자들을 얼마나 남 몰래 부러워했던가? 아무런 조건 없이 그렇게 할 수 있다면 얼마나 행복할까? 이런 태도가 반드시 무관심이나 정신적 마비 상태로 귀결되는 것은 아니다. 아이들은 적어도 많은 질문을 던질 수 있지 않은가?
그런데 실망스럽게도 선생님은 지금까지의 연습, 즉 활 당기기, 당긴 상태에서 머무르기, 발사하기의 과정을 다음 수업에서도 똑같이 진행했다. 그럼에도 그의 모든 훌륭한 조언들은 전혀 도움이 되지 않았다. 선생님의 가르침대로 활의 장력에 굴복하지 않고, 오히려 그것을 초월해서 마치 활의 본성상 장력에 아무 한계도 없는 듯이 행동하려고 노력했다. 또한 발사의 순간에 활의 팽팽함이 달성되고 또 해소될 때까지 기다리려고 애를 썼다. 그럼에도 모든 발사가 실패였다. 제발 성공하기를 빌며 신중하게 활을 쏘았지만, 결국은 흔들렸다. 이렇게 계속된 연습은 발전으로 나아가기는커녕 실패에 대한 두려움만 점점 증가시켰다. 말없이 지켜보던 선생님도 문제 인식을 하셨는지 그제야 비로소 연습을 중단시키고 새로운 단계를 시작했다.

"앞으로 수업에 오실 때는 오시는 길에서부터 마음을 가다듬도록 하십시오. 여기 이 연습장에서 일어날 일에 대한 마음의 준비를 하십시오! 이 세상에서 중요하고 실제적인 것은 오직 하나, 활쏘기뿐이라는 듯이 다른 모든 것은 모른 척하고 흘려 지나치십시오!"

또한 그는 자기에 대한 집착으로부터 벗어나는 방법도 작은 부분들로 잘게 나누고, 그것을 하나하나 빠짐없이 연습하게 했다. 다만 여기서도 단지 짧은 암시만을

해줄 뿐이었다. 그러나 선생님이 무엇을 요구하는지
제자들이 이해한다면(때로는 단지 추측만 할 뿐이라도),
그것으로 충분했다. 그러므로 예로부터 전해오는
구분들을 개념적으로 명확하게 파악하고자 할 필요는
없다. 수백 년에 걸친 실천 속에서 탄생한 이러한
구별이 세심하게 계산된 지식보다 더 심오할지 누가
알겠는가?
자신에서 벗어나는 길의 첫걸음은 이전의 호흡법에서
이미 내딛었다. 그 첫걸음은 활을 올바로 당기기 위해
필수적인 육체의 이완을 가능하게 했다. 그러나 올바른
발사가 이루어지려면, 이제 육체의 이완은 궁극적으로
영혼의 이완으로 나아가야 한다. 단지 정신을 운동하게
하는 것이 아니라, 정신을 자유롭게 해야 한다.
자유롭기 때문에 운동하며, 근원적인 운동성 때문에
자유롭다.
이 근원적인 운동성은 종종 정신적인 운동성이라는
말에서 이해되곤 하는 것들과 본질적으로 다르다.
육체적인 이완과 정신적인 자유, 이 두 가지 상태
사이에는 분명한 차이가 있다. 그 차이는 단지
호흡법을 통해서 극복될 수 있는 것이 아니라 무아의
경지를 통해 모든 종류의 구속으로부터 근본적으로
벗어남으로써 극복될 수 있다. 이로써 정신은, 자기

속에 침잠하여 이름 지을 수 없는 근원의 완전한 영향 아래 놓이게 된다.

먼저 감각의 문을 닫으라는 요구는 감각적인 세계를 억지로 애써 외면함으로써 충족되지 않고, 오히려 아무 저항 없이 비켜 나가려는 마음의 자세를 통해서 충족된다. 이러한 무위의 태도가 본능적으로 달성되려면 영혼은 내적인 정지 상태를 필요로 하며, 이 내적인 정지는 호흡에 집중함으로써 얻어진다. 호흡은 의식적으로 또한 세심하고 정확하게 이루어진다. 날숨과 마찬가지로 들숨도 하나하나가 중요하게 생각되고, 조심스럽게 수행된다. 그 연습의 결과는 오래지 않아 드러난다. 호흡에 몰입하면 할수록 외부의 자극은 점점 퇴색된다. 외적 자극들은 서로 뒤섞여 몽롱한 소음 속으로 가라앉는데, 그 웅웅거리는 소리는 처음에는 어렴풋하게 들리지만, 일단 익숙해지면 더 이상 느낄 수 없게 되고 결국에는 마치 파도소리처럼 아무런 방해도 되지 않는다. 그리고 시간이 지나면서 우리는 강한 자극에 대해서조차 면역이 생기고, 또 점점 더 쉽고 빠르게 강한 자극으로부터 독립할 수 있게 된다. 단지 주의할 점은 섰거나 앉았거나 누웠거나 가급적 몸의 힘을 빼라는 것이다. 그리고 나서 호흡에 정신을 집중하면 마치 아무것도 투과하지 못하는 껍질에 둘러싸여 격리된 듯한 느낌이 든다.

이제는 단지 숨을 쉰다는 사실만을 알고 또 느낀다. 이 느낌과 앎에서마저 벗어나는 데 새로운 결단이 필요한 것은 아니다. 왜냐하면 저절로 호흡이 느려지고 점점 더 적은 공기를 소비하면서, 마침내 호흡이 점차 엷어지고 단조롭게 된다. 그리고 결국에는 숨을 쉰다는 것을 전혀 의식하지 못하게 될 것이기 때문이다.

그러나 이 고요한 침잠의 상태는 불행히도 그리 오래 지속되지 않는다. 내부로부터의 방해에 시달리기 쉽기 때문이다. 마치 무無에서 떠오르는 듯 뜻하지 않은 기분, 느낌, 희망, 걱정 그리고 생각 등이 어지럽게 섞여서 떠오르고, 그것이 동떨어지고 낯선 것일수록, 의식을 집중하는 목적과 무관하면 할수록 더욱 더 집요하게 달려든다. 이 내면의 동요는 마치 정신의 집중이 과거에는 불가능했던 영역에 도달한 것에 대해 복수라도 하듯 우리를 위협한다. 그러나 여기서도 그 위협을 무력화시킬 수 있다. 그것은 개의치 않고 계속해서 고요하게 호흡을 하며 머리에 떠오르는 것들과 친구가 되고, 또 그것을 평정한 마음으로 관조하기를 배우며, 마침내 관조하는 것조차 귀찮아짐으로써 달성된다. 이렇게 해서 점차 우리는 잠들기 직전의 가수假睡 상태와 유사한 상태에 도달한다.

그러나 이 상태로 완전히 빠져드는 일은 위험하므로 피해야 한다. 그 위험에 대처하기 위해서는 정신 집중의 특별한 도약이 필요하다. 그것은 며칠 밤을 꼬박 새운 사람이 그의 모든 감각이 깨어 있어야만 목숨을 유지할 수 있을 때 스스로 가하는 충격에 비유할 수 있다. 이러한 충격을 스스로 가하는 데 한 번이라도 성공하면, 다음부터는 실수 없이 그것을 반복할 수 있다. 이러한 충격을 통해서 정신은 외부에 대해 무관심한 '자기 내 약동'으로 저절로 이행한다. 자기 내 약동의 상태는 아주 가끔 꿈속에서나 경험할 수 있는 무중력감과 행복감을 점점 더 강화시킨다. 그리고 마음먹은 대로 에너지를 움직이고, 단계에 맞추어 긴장을 높이거나 늦출 수 있게 된다.

이 상태는 특정한 것을 생각하고 계획하고 추구하고 희망하고 기대하는 것이 전혀 없는 상태로, 아무런 방향도 추구하지 않지만, 그럼에도 충만한 힘의 집중을 통해서 가능한 것은 물론 불가능한 것도 할 수 있다고 느끼는 상태이다. 이렇게 근본적인 무의도, 무자아의 상태를 선생님은 '정신적'이라고 불렀다. 이 상태는 정신적인 각성으로 충만해 있고, 그래서 또한 '진정한 정신의 현존現存'이라고도 불린다.

정신은 아무런 특정한 장소에 매여 있지 않기 때문에 모든 곳에 현존한다. 또한 정신은 이것 또는 저것과 관계하지만 그에 얽매이지 않으며, 동시에 근원적인 운동성을 결코 잃어버리지 않기 때문에 현존한다. 마치 연못을 채우고 있으나 언제라도 흘러나올 준비가 되어 있는 물과도 같이, 정신은 자유롭기 때문에 매 순간 고갈되지 않는 힘을 발휘하고, 또 비어 있기 때문에 만물에 스스로를 개방한다. 이 상태가 진정 근원적인 상태로서, 이는 텅 빈 원으로 상징되고, 텅 빈 원은 그 속에 있는 자에게는 모종의 의미로서 다가온다.

모든 구속에서 벗어난 궁사는 어떠한 숨겨진 의도에도 교란되지 않고, 오로지 정신의 충만한 현존 속에서 기예를 수련해야 한다. 그러나 그가 자기 자신을 잊고 창조적인 과정에 몰입하기 위해서는 역으로 기예를 수련하는 과정이 선행되어야 한다. 자신 속에 침잠한 자가 단순히 본능적으로 대처해서는 안 되는 상황에 대면하고 있다면, 그는 먼저 그 상황을 의식으로 가져가야만 할 것이기 때문이다. 그러므로 그는 이전에 벗어 던졌던 저 모든 관계로 다시 들어서야 할 것이다. 이럴 때 그는, 잠에서 깨어나 하루의 일정을 살펴보는 사람에 비유할 수 있지만, 깨달음을 얻어 근원적인 상태에 살면서 거기에 몸을 맡기고 있는 사람에 비유할 수는 없을 것이다. 그는 행위 과정의 각 마디가 신의 섭리를 통해서 비로소 그의 손에서 이루어진다는 생각을 할 수 없을 것이다. 또한 그는, 어떤 사건의 약동이 스스로 그 약동하는 운동이 되어버린 사람에게는 얼마나 황홀하게 느껴지는지를, 또한 자신이 행하는 모든 것이 사실은 자기도 모르는 사이에 행해지는 것임을 결코 경험할 수 없을 것이다.

스승과 제자

06

사실 일본의 교육은 이렇게 기본 형식을 무조건 익히도록 가르친다. 연습과 반복 그리고 반복의 반복이 오랜 시간에 걸쳐 점점 더 강도 높게 진행되는 게 일본 교육의 특징이다. 적어도 전통적인 기예를 배우는 경우에는 언제나 그렇다. 시연과 시범 그리고 공감과 모방, 이것이 기본적인 교육 과정이다. 지난 수십 년 동안 새로운 교과들이 도입되면서 유럽식 수업 방법도 뿌리를 내리고 또 올바르게 적용되고 있음에도 말이다. 새로운 것에 대한 도입 초기의 대대적인 열광에도 불구하고 일본의 기예들이 본질적인 면에서는 이 새로운 수업 방식의 영향을 받지 않은 것은 무슨 이유에서일까?

이 물음에 대한 답을 찾기란 쉽지 않다. 다소 개괄적이기는 하지만 교수법과 모방의 의미를 조명해 보는 것에서 답을 찾아야 할 것이다. 일본의 제자는 세 가지를 이미 갖추고 있는데, 예의범절, 자기가 선택한 기예에 대한 열정적인 사랑, 스승에 대한 무비판적 존경이 그것이다. 예로부터 사제 간의 관계는 근본적인 삶의 유대에 속하기 때문에, 스승은 수업의 틀을 훨씬 뛰어넘는 높은 책임을 제자에게 요구하고 있다. 우선 제자에게 요구되는 것은 스승이 보여주는 시범을 신중하게 모방하는 것뿐이다. 스승은 장황한 설교와

설명을 피하고 단지 간략한 지침들을 제시하는 데
그치며, 제자들에게 어떠한 질문도 기대하지 않는다.
그는 덤덤하게 학생들의 실수 섞인 노력들을 바라보기만
할 뿐 자립성이나 독창성 등을 바라지 않고, 그저 참을성
있게 제자가 성장하고 원숙해지기를 기다린다. 양쪽
모두 서두르지 않는다. 스승은 윽박지르지 않고, 제자는
성급하게 발걸음을 놀리지 않는다.

스승은 제자의 내면에 있는 예술적 재능을 일찍 깨우려
하기보다는 무엇보다 먼저 제자를 완벽한 기술을 가진
장인으로 만들려고 한다. 제자는 지칠 줄 모르는 노력을
통해서 이런 의도에 응답한다. 그는 더 이상의 욕심이
없는 듯 묵묵히 헌신적으로 순종하는데, 여러 해가
지난 후 그 동안 완전하게 익힌 기본 형식들이 더 이상
자신을 억압하지 않고 오히려 자유롭게 한다는 사실을
경험한다. 제자는 날이 갈수록 머릿속에 떠오르는 모든
영감을 기술적으로 손쉽게 실행할 수 있게 되며, 또한
세심한 관찰을 통해서 새로운 영감을 떠올릴 수 있게
된다. 말하자면 붓을 움직이는 손은 정신이 움직이는
바로 그 순간에 이미 마음속에 떠오른 것을 그리고
완성한다. 그래서 제자는 정신과 손, 둘 중 어느 것이
그림을 그린 주체인지 알 수가 없다.

그러나 기술적 능숙함이 '정신적'으로 되기 위해서는

활쏘기의 기예에서와 같이 모든 육체적·정신적 힘의 집중이 요구된다. 어떠한 경우에도 이러한 집중이 없어서는 안 되는데, 한 가지 예를 들면 다음과 같다. 한 화가가 제자들 앞에 앉는다. 그는 붓을 검사하고 나서 한쪽에 조심스럽게 놓아두고는 신중하게 먹을 갈고, 바닥에 놓여 있는 긴 두루마리 화선지를 똑바로 하고 나서, 오랫동안 깊은 정신 집중의 상태에 머문다. 마치 돌부처와도 같은 이 상태에서 마침내 빠르고 단호한 손놀림으로 그림을 완성한다. 어떤 수정도 필요치 않고 또 할 수도 없는 이 그림은 제자들에게 하나의 모범으로 제시된다.

꽃꽂이의 명인은 먼저 꽃가지를 묶은 끈을 조심스럽게 끄르고, 꽃들을 하나하나 펴서 옆에 늘어놓는다. 그 다음에 개개의 가지를 조심스럽게 살펴보고, 여러 차례 검사하여 가장 좋은 것들을 골라내며, 그것들을 신중하게 매만져서 제 역할에 맞는 형태로 만들고, 마침내 엄선된 화병에 꽂는다. 그 완성된 모습을 보면 마치 명인은 자연 자체가 어슴푸레한 꿈속에서 꿈꾸었던 것을 발견해 낸 듯하다.

위의 사례들에서 스승들은 자신이 마치 혼자 있는 듯이 행동한다. 학생들에게는 눈길 한 번 주지 않고, 말을 건네는 법은 더욱 없다. 그들은 생각에 잠긴 듯이

고요한 상태에서 예비 동작을 행하고는 자기 자신을
망각한 채 작업 과정에 몰입한다. 그 시작부터 끝까지의
과정이 스승과 제자에게는 자기 완결된 사건으로
간주되는 듯하다. 이 모든 것은 보는 이에게 마치 한
폭의 그림을 보는 듯한 느낌을 줄 정도로 강력한 자기
표현력을 지니고 있다.

그러나 왜 스승은 필수적이긴 하지만 초보적인 수준의
준비 작업을 경험 있는 제자에게 맡기지 않는가? 자신이
직접 먹을 갈면 상상력이 고양되고, 꽃다발 끈을 잘라
내던지는 대신에 직접 조심스럽게 풀면 조형의 능력이
향상되기라도 한다는 말인가? 무엇 때문에 그는 매 수업
시간마다 항상 똑같이 엄격하게 모든 과정을 빠짐없이
반복하며, 또 제자들에게 똑같이 따라하게 하는가?
그가 이러한 전통적인 의식에 집착하는 이유는 이러한
준비 과정이 창조를 위한 올바른 마음의 틀을 제시해
준다는 사실을 경험을 통해 알고 있기 때문이다.
준비 작업을 할 때의 명상적인 고요함 덕분에 우리는
결정적 의미를 지닌 이완(힘 빼기)과 자신의 모든 힘의
조화 그리고 정신 집중과 정신의 현존 등을 달성할
수 있다. 이것은 제대로 된 작품을 창조하기 위한
전제 조건들이다. 아무 의도도 없이 자신의 행위에
침잠함으로써 머릿속을 맴돌던 작품이 마치 저절로

되는 듯이 완성의 순간을 맞이하게 된다.

위의 예에서 다른 형태로 등장하는 두 가지 예비 작업들은 활쏘기에서 준비 단계들과 자세가 가졌던 것과 같은 의미를 갖는다. 그러나 이와 다른 경우도 있는데, 예를 들어 종교적인 무용수와 배우의 경우에는 자기 집중과 침잠의 과정이 무대에 등장하기 전 단계에서 이루어진다.

활쏘기에서와 마찬가지로 이러한 기예들도 의식의 문제라는 사실은 의문의 여지가 없다. 선생님의 백 마디 말씀보다 이러한 의식이 제자에게 다음 사실을 훨씬 더 명료하게 깨닫게 해준다. 즉 예술가의 올바른 정신적 상태는 준비 과정과 제작 과정, 기술적인 것과 예술적인 것, 물질적인 것과 정신적인 것, 상황적인 것과 대상적인 것이 물 흐르듯 서로 교류하는 경우에만 달성될 수 있다는 것을.

그리고 이와 함께 제자는 모방의 새로운 주제를 발견한다. 자기 망각적인 침잠을 완벽하게 구사할 수 있게 하는 정신 집중의 방법이 이제 제자에게 요구된다. 그러면 모방은 약간의 적극적 의지만 있으면 누구나 따라할 수 있는 객관적 내용에 관련되지 않고, 이전에 비해 더욱 자유롭고 경쾌하며 정신적으로 된다. 제자는 새로운 가능성과 마주하고 있음을 깨닫지만, 동시에 이

가능성의 실현은 적극적 의지와 아무 관계도 없다는
사실을 알게 된다.
제자의 재능이 고조되는 긴장을 계속 견뎌낼 수 있다고
했을 때, 그가 대가로 가는 길목에는 결코 피할 수
없는 위험이 또 하나 도사리고 있다. 그것은 공허한
자기만족에 빠져 버리는 위험이 아니라(동양인들은 자아
숭배에 빠질 정신적 소질이 전혀 없다), 오히려 자신의 예술적
성취에 빠져 버리게 되는 위험이다. 이는 다시 말해
예술가적 실존이 마치 그 자체로 자립적이고 타당한
삶의 형식인 듯이 행동하는 위험성이다.
스승은 그 위험성을 미리 내다보고 있다. 그는 주의
깊고 정교한 정신 지도를 통해 제자들이 적시에 방향을
바꾸고 또 스스로를 극복할 수 있도록 개입한다.
그러나 스승은 눈에 띄지 않게 마치 지나가는 말로
하듯이 제자가 이미 겪었을 법한 경험에 기대어서,
모든 올바른 창작은 진정한 무아의 상태에서만 달성될
수 있음을 암시할 뿐이다. 그리고 진정한 무아의
상태에서 창작자는 더 이상 '그 자신'으로 그곳에 있을
수 없다. 오직 정신만이 그곳에 있으며, 또 특수한
방식으로 깨어 있다. 이 깨어 있음은 '나 자신'의
색조를 띠지 않으며, 그 만큼 더 제한 없이 삼라만상을
'듣는 눈과 보는 귀로' 관통한다.

이렇게 해서 스승은 제자가 스스로 길을 헤쳐 나가도록 한다. 한편 제자는 점점 더 스승을 통해서 새로운 것을 깨달아 가는 데 익숙해진다. 즉 스승이 이미 반복해서 말했지만 제대로 이해할 수 없었던 것의 실상을 이제 자신의 경험을 토대로 파악할 수 있게 된다. 스승이 제자 스스로 생각했던 것에 어떤 이름을 주었든, 아니 거기에 이름을 부여했든 안 했든, 그것은 중요하지 않다. 제자는 비록 스승이 거기에 대해 침묵한다 해도 스승을 이해하고 있다.

이와 함께 하나의 결정적인 내적인 운동이 제자의 마음속에서 진행된다. 스승은 이 운동을 뒤따를 뿐이며, 단지 방해가 될 뿐인 한 걸음 앞서 나간 가르침을 통해 그 진행 과정에 영향력을 미치지 않는다. 그는 가장 비밀스럽고 내면적인 방식으로, 즉 불교에서 말하는 마음의 직접적 전달을 통해서 제자를 돕는다. '불붙은 초로 다른 초에 불을 붙이듯' 그렇게 스승은 진정한 기예의 정신을 마음에서 마음으로 전달한다. 그 마음에 빛이 비치도록.

혹시 제자에게 무엇인가 말로 전달해야만 할 경우가 있어도, 스승은 그것이 아무리 효과적이라 해도 그런 외적인 작업보다는 내적인 작업이 더 중요하다는 점을 기억하고 있다. 이 내적인 작업은 제자가 예술가로서의 자신의 본분을 완수하려면 반드시 스스로 이루어내야 한다.

그러나 내적인 작업은 제자가 한 인간으로서, 스스로를 느끼고 또 끊임없이 재발견하는 자아로서 정신을 도야해 가는 과정이라는 데에 그 본질이 있다. 이 도야의 과정은 대가의 경지에 도달함으로써 마감된다. 대가의 경지에 이르면 예술가됨과 인간됨은 진정한 의미에서의 보다 고차적인 단계에서 만난다. 대가의 경지는 광대무변廣大無邊의 진리에 따라서 살고, 또 거기에 의지함으로써 근원적 기예를 달성하는 것이 인간적 삶의 형식과 다른 것이 아님을 보여주기 때문이다. 대가는 더 이상 추구하지 않고 발견한다. 대가는 예술가로서 성직을 수행하는 인간이며, 인간으로서 예술가이다. 그의 모든 행위와 무위, 창작과 침묵, 존재와 비존재에서 부처는 그의 가슴을 들여다보고 있다. 인간과 예술가와 작품, 이것들은 하나를 이룬다. 내적인 작품의 기예는 외적인 작품과 달리 예술가로부터 떨어질 수 없으며, 또 예술가에 의해 만들어진 것이 아니라 이미 언제나 존재하고 있으며, 아무도 모르는 깊은 곳에서 솟아 나온다.

대가로 가는 길은 가파르고 험하다. 종종 제자는 오직 스승에 대한 믿음에 의지해서 간신히 수련을 계속한다.

제자는 스승을 통해서 이제 겨우 대가의 단계를 어슴푸레하게나마 볼 수 있게 되었기 때문이다. 대가는 제자에게 내면적인 작품을 삶으로 보여주며, 단지 자신의 현존재만으로 제자를 설득한다. 이 단계에서 제자의 모방은 가장 최종적이고 성숙된 의미를 획득한다. 모방은 뒤쫓음을 통해서 대가가 지닌 경지의 본질에 참여할 수 있게 한다.

제자가 얼마나 멀리까지 도달할 것인가는 스승의 관심사에서 벗어나 있다. 스승은 제자에게 올바른 길을 제시하자마자 제자 스스로 그 길을 걸어가도록 한다. 제자가 고독을 이겨내도록 하기 위해서 스승이 할 일이 한 가지 더 있다. 그는 제자가 자신보다 더 먼 데까지 나아가도록, 또 '스승의 어깨에 올라서도록' 진심으로 요구하면서 제자를 스승인 자기 자신으로부터 벗어나게 한다.

길이 자신을 어디로 인도하든 간에 제자는 스승과 헤어질 수는 있을지언정 잊을 수는 없다. 초심자 시절의 무비판적 존경과 예술가로서의 구원적인 믿음은 이제 어떠한 희생도 감수할 감사로 바뀌고, 제자는 스승의 자리를 물려받는다. 최근에 이르기까지 수많은 사례들이 보여주듯이, 이 감사의 마음은 일반적인 인간관계에서 볼 수 있는 정도를 훨씬 능가한다.

대나무 잎에 쌓인 눈처럼

07

날이 갈수록 나는 점점 더 수월하게 활쏘기의 '위대한 가르침'을 드러내는 의식 속으로 빨려 들어가 아무 힘도 들이지 않고 의식을 치를 수 있게 되었다. 아니 더 정확히 말한다면 마치 꿈을 꾸듯 의식에 인도됨을 느꼈다. 거기까지 선생님의 예언은 입증이 된 셈이다. 그러나 활시위를 놓는 순간, 정신이 흐트러지는 것은 어쩔 수가 없었다. 최대로 활을 당긴 상태에서 기다리며 머물러 있는 일은 육체적으로 매우 힘들었다. 이내 팔의 힘이 빠지고 또 매우 고통스러워서 나는 자꾸만 자기 몰입의 상태에서 벗어났고, 자연히 활을 발사하는 일에만 온 신경이 쏠렸다.

"발사에 대해 생각하지 마십시오. 그러면 실패할 수밖에 없습니다!"
선생님은 나에게 충고했다.

"어쩔 수가 없습니다. 너무 힘들어서 더 이상 당기고 있을 수가 없어요."
"당신이 진정 자신으로부터 벗어나지 못했기 때문에, 그렇게 느끼는 겁니다. 알고 보면 아주 간단한 것입니다. 어떻게 해야 하는지 보통의 대나무 잎을 보면 알 수 있습니다. 눈이 쌓이면 대나무 잎은 점점 더

고개를 숙이게 되지요. 그러다가 일순간 대나무 잎이
전혀 흔들리지 않는데도 눈이 미끄러져 떨어집니다.
이와 같이 발사가 저절로 이루어질 때까지 최대로
활을 당긴 상태에 머물러 있으세요. 간단히 말하면
이렇습니다. 최대로 활이 당겨지면, 발사가 저절로
이루어져야 합니다. 발사는 사수가 의도하기도 전에,
마치 대나무 잎에 쌓인 눈처럼 사수를 떠나가야
합니다."

온갖 방법을 다 시험했음에도 무심한 상태에서 발사가
이루어질 때까지 기다리는 데에는 성공하지 못했다.
예전과 마찬가지로 의도적으로 활을 발사하는 것
외에는 다른 길이 없었다. 활쏘기를 배운 지 3년이
넘었음에도 이 끈질기게 계속된 실패는 나를 점점 더
우울하고 비관적으로 만들었다.
이 무렵 내가 혼란스런 시간을 보냈다는 사실을
부인하지 않겠다. 내가 서양인으로서 지금까지
배워왔고 또 경험해 왔던 것에 비추어 볼 때, 전혀
이해할 수 없는 이러한 시간 낭비를 계속해서 감당할
수 있을까 하는 의구심이 떠나지 않았던 것이다.
일본에는 그런 쓸모없는 기예보다 더 중요한 배울
거리들이 있지 않느냐는 한 독일 친구의 조롱 섞인

질책이 자꾸 머리에 떠올랐다. 당시에는 일고의 가치도
없다고 생각했었는데, 활쏘기의 기예와 학문으로
나중에 무엇을 할 수 있겠느냐는 그의 질문이 갑자기
그렇게 불합리한 것만은 아니라는 생각도 들었다.
선생님은 내 마음의 동요를 눈치 챈 듯싶었다. 나중에
고마치야 씨에게 들은 바로는, 이 시기에 선생님은
서양 철학 입문서를 통독하려고 시도했는데, 그것은
어떻게 하면 나의 전공 분야에 속하는 것들을 통해서
나에게 도움을 줄 수 있을지를 알아보기 위함이었다.
그러나 결국 그는 그 책을 불편한 마음으로 내려놓았고,
이런 내용과 씨름하는 사람이라면 활쏘기의 기예를
익히기가 지극히 어렵게 느껴지는 것이 당연하다고
말했다고 한다.

여름휴가를 기해 우리는 바닷가로 갔다. 꿈을 꾸듯
고요하고 한적한 그곳은 특히 소박한 아름다움이
돋보였다. 우리의 가장 중요한 짐은 활이었다. 나는
하루 종일 발사 연습을 했다.

발사는 하나의 강박 관념이 되어서, 나는 초월적인
몰입 이외의 다른 것을 연습해서는 안 된다는
선생님의 지시를 점점 망각하고 있었다. 이리저리 모든
가능성들을 생각해 보다가 문제의 원인은 선생님께서
지적하신 것, 즉 무의도성, 무자아에 이르지 못했기

때문이 아니라, 오른손의 손가락들이 엄지를 너무
강하게 감쌌기 때문은 아닐까 하는 결론에 이르렀다.
발사를 위해 멈추고 있는 시간이 길어질수록 나도
모르게 그만큼 강하게 손가락을 꽉 쥐었던 것이다.
나는 이 지점에서 다시 시작해 보아야겠다고 생각했고,
그리고 곧 이 문제에 대한 단순하면서도 기발한
해결책을 발견했다. 활을 당긴 뒤에 엄지를 감아쥔
손가락들을 조심스럽게 그리고 아주 천천히 펴면,
세 손가락에서 풀려난 엄지손가락은 어느 순간 마치
저절로 그렇게 되듯이 자기 위치에서 벗어났다. 이렇게
해서 발사는 순간적으로 이루어졌고, 분명히 "대나무
잎 위에서 눈이 미끄러져 내리듯" 이루어졌다. 이러한
발견은 사격 기술과의 기분 좋은 유사성 때문에 더욱
내 마음에 들었다. 사격에서 집게손가락은, 천천히 점점
더 약해지는 압력이 방아쇠의 마지막 저항력을 극복할
때까지 굽혀지는 것이다.
나는 이내 올바른 길을 가고 있다는 확신이 들었다.
이런 식으로 거의 모든 발사가 부드럽게 그리고
나도 모르는 사이에 이루어졌다. 적어도 나는 그렇게
생각했다. 물론 나는 이러한 성공의 부정적 측면을
간과하지는 않았다. 오른손이 정밀하게 움직이려면
온 신경의 집중이 필요했던 것이다. 하지만 이

기술적인 해결책에 완전히 익숙해지면 더 이상 특별한 주의를 기울일 필요가 없게 될 것이라고 기대하면서 스스로를 위로했다. 그리고 바로 이 해결책을 통해 무아의 경지에서 최대로 활을 당긴 상태에 머무르고 무의도적으로 활을 발사할 수 있는 그런 날이 오리라고 믿었다. 다시 말해 이런 방법으로도 '기술적인 능숙함'이 '정신'화 되리라고 기대했다. 이러한 확신이 점점 더 확고해지면서 나는 이에 반발하는 내면의 목소리를 억눌렀고, 또 아내의 비판적 충고를 외면했으며, 오히려 마침내 결정적인 단계 하나를 넘어섰다는 만족감을 느꼈다.

휴가 후 다시 시작된 첫 수업에서 내가 쏜 첫 번째 발사는 내가 생각하기에는 훌륭한 것이었다. 부드럽게 그리고 나도 모르게 발사가 이루어졌다. 선생님은 잠시 나를 물끄러미 바라보다가 마치 잘못 보기라도 한 듯 성난 목소리로 말했다.

"다시 한 번 쏘아 보세요!"

두 번째 발사는 첫 번째보다 더 훌륭하게 이루어진 듯했다. 그러자 선생님은 아무 말 없이 나에게 오더니, 내 손에서 활을 뺏고, 나에게서 등을 돌린 채 의자에

앉았다. 이것이 의미하는 바는 명백했기 때문에 나는 자리에서 물러 나왔다.

며칠 후 고마치야 씨가 찾아왔다. 그리고 선생님께서 나를 더 이상 가르치지 않겠다고 했다는 말씀을 전해줬다. 이유는 내가 그를 배반하려 했기 때문이라는 것이었다. 나의 행동에 대한 선생님의 반응에 너무 놀라서, 나는 고마치야 씨에게 내가 그런 발사 방법을 택하게 된 저간의 사정을 상세히 설명해 주었다. 항상 제자리걸음에만 머물러 있어 거기에서 벗어나려 돌파구를 마련하려다가 결국 이런 나름대로의 발사 방법에 도달하게 되었노라고. 선생님은 고마치야 씨의 설명을 전해 듣고 간신히 마음을 돌렸지만, 수업을 재개하는 조건으로 다시는 '위대한 가르침'의 정신에 위배되는 짓을 하지 않겠다는 맹세를 하게 했다. 만약 깊은 부끄러움이 나의 독선을 치유하지 않았더라면, 아마도 그 후 선생님의 행동이 그렇게 했을 것이다. 선생님은 그 일에 대해 일언반구도 하지 않았고, 단지 이렇게 말했을 뿐이었다.

"활을 최대로 당긴 상태에서 아무 의도도 없이 머무르는 데 실패하면 어떤 일이 일어나는지, 이제 당신은 잘 알고 있습니다. 당신은 배우는 과정에서 과연 해낼 수 있을까 하는 의문을 한시도 버린 적이 없습니다. 그러지 말고 어떤 일이 일어나는지, 그리고 어떻게 되어 가는지, 묵묵히 참고 기다리십시오."

그 말을 듣는 순간 나는 활쏘기 수업이 시작된 지 벌써 4년이나 되었으며, 나의 일본 체류는 무기한이 아님을 선생님께 말씀드렸다.

"목표를 향해 나아가는 길은 측량할 길이 없습니다. 몇 주, 몇 달, 몇 년이 도대체 무슨 의미가 있습니까?
"하지만 어쩔 수 없이 중도에서 중단해야만 한다면요?" 하고 나는 물었다.

"진정으로 당신이 무아의 상태에 들어간다면, 언제라도 중단할 수 있습니다. 그러니 계속 수련을 하십시오!"

결국 나는 지금까지 배운 모든 것이 쓸모없이 되기라도 한 듯 처음부터 다시 시작했다. 그러나 활을 최대로 당기고 무심의 상태에 머무르는 것은 여전히 제대로 되지 않았다. 지금까지 걸어온 궤적에서 벗어나는 일은 도무지 불가능한 듯 보였다.
그러던 어느 날 나는 선생님께 물었다.

"만일 '내'가 아무것도 하지 않는다면, 도대체 어떻게 발사가 이루어질 수 있습니까?"
"'그것'이 발사합니다."
그가 대답했다.

"그 말씀은 이미 여러 번 들었습니다. 그러니 다르게 질문을 해보겠습니다. '내'가 더 이상 거기에 없다면 도대체 어떻게 제가 무아의 상태에서 발사의 순간을 기다리고 있을 수 있겠습니까?"
"'그것'이 최대로 당긴 상태에서 기다리며 머무릅니다."
"그렇다면 '그것'은 누구 또는 무엇입니까?"
"당신이 그것을 이해하게 되면, 나는 더 이상 당신에게 필요하지 않습니다. 내가 당신 스스로 경험하는 단계를 생략하고 바로 그 길로 가도록 돕는다면, 나는 최악의 스승이며 이 자리에서 쫓겨나야 마땅합니다. 그러니 더 이상 이에 대해 논하지 말고 연습을 합시다!"

단 한 걸음도 전진하지 못한 채 또 여러 주일이 흘렀다. 그런데 어느 날 갑자기 그런 사실에 내가 전혀 마음을 쓰지 않고 있다는 사실을 깨달았다. 활쏘기를 배우는 일 자체에 진력이 난 것일까? 내가 이 기예를 배우는 데 성공하든 못하든, 선생님의 '그것'이 무엇을 의미하는지를 알아내든 못하든, 선의 세계로 들어가든 못 가든, 그 모든 것이 나에게서 갑자기 멀어진 듯이 또는 별로 중요하지 않게 된 듯했고, 그래서 그에 대해 마음이 전혀 쓰이지 않았다.

여러 차례 나는 선생님에게 이 모든 사실을 털어놓고 상의하려고 마음먹었다. 그러나 그의 앞에 서기만 하면 용기가 사라졌다. 그에게서 나올 대답은 익히 알고 있었다.

"묻지 말고 연습을 하십시오!"

그래서 나는 묻기를 멈추었다. 만약 선생님이 나를 그토록 강하게 휘어잡지 않았다면 연습도 중단했을 것이다. 나는 하루하루를 그저 그렇게 보냈고, 그럭저럭 교수직을 수행했으며, 수 년 동안 집요하게 노력해 온 모든 것이 무의미해졌다는 사실에 대해서도 마침내 개의치 않게 되었다.

그러던 어느 날 여느 때처럼 활을 발사했는데, 선생님이 깊이 허리를 굽혀 절을 하며 수업을 중단했다. 그가 "방금 '그것'이 쏘았습니다"라고 소리쳤을 때, 나는 영문을 몰라 그를 멀끔히 쳐다보았다. 마침내 그의 뜻을 이해했을 때, 나는 치솟는 기쁨을 억누를 수 없었다.

그러나 선생님은 이렇게 나무랐다.

"지금 나는 칭찬을 한 것이 아니라 단지 사실을 말한 것뿐입니다. 그러니 당신이 감격할 이유는 없지요. 내가 절을 한 것도 당신에게 한 것이 아닙니다. 왜냐하면 당신은 자기도 모른 채 그렇게 쏘았기 때문입니다. 이번에 당신은 완전히 자신을 잊고 아무 의도도 없이 최대한 활을 당긴 상태에 머물렀습니다. 그러자 잘 익은 과일이 떨어지듯 발사가 이루어졌습니다. 아무 일도 없었던 것이나 마찬가지이니까, 연습을 계속하십시오!"

그 후로 한참이 지나서야 다시 가끔씩 올바른 발사가 이루어졌다. 그때마다 선생님은 말 없이 절을 함으로써 그 사실을 알려 주었다. 어떻게 발사가 나의 행동 없이 마치 저절로 그렇게 된 듯이 이루어졌는지, 어떻게 내 꽉 움켜쥔 오른손이 열리면서 뒤로 움직였는지, 그때는 물론이고 지금도 설명할 수가 없다. 그러나 그런 일이 일어났다는 사실은 확실하며, 그것만이 중요하다. 나는 점차 적어도 올바른 발사와 실패한 발사를 구분할 수 있게 되었다. 양자 간의 질적인 차이는 너무도 커서 한 번 경험하기만 하면 도저히 모르고 지나칠 수가 없었다. 올바른 발사는, 외적으로는(또는 관찰자에게는) 오른손의

급작스런 움직임이 완충되어 몸의 움찔거림이 전혀
일어나지 않다는 사실을 통해서 알려진다. 한편 잘못된
발사 후에는 참았던 숨이 폭발하듯 터져 나와 급히
숨을 들이마시지 않으면 안 된다. 이에 반해 올바른
발사 후에는 숨이 부드럽게 흘러나와 서두르지 않고
숨을 들이마실 수 있으며, 심장은 균일한 속도로
평온하게 뛰고, 정신 집중이 그대로 유지되어 지체 없이
다음 발사로 이행할 수 있다.

그리고 내적으로(또는 궁사 자신에게) 올바른 발사는 마치
이제 새로운 인생이 시작된 듯이 느껴진다. 올바른 발사
이후에 궁사는 모든 올바른 행위와 더 중요하게는 모든
올바른 무위를 행할 마음의 준비가 되었다고 느낀다.
이러한 마음의 상태는 크나큰 즐거움을 준다. 그러나
이 상태에 도달한 사람은 마치 그것을 가지지 않은
듯이 가져야 한다고 선생님은 엷은 미소와 함께 말했다.
흔들림 없는 평상심을 유지해야만, 그 상태가 망설임
없이 다시 찾아오게 된다는 것이다.

어둠 속의 표적

08

"가장 어려운 고비는 넘긴 셈인가 보네요."
어느 날 선생님이 이제 새로운 연습으로 넘어가겠다고 하셨을 때, 나는 말했다.
그러자 선생님은 말씀하셨다.

"우리 속담에 백 리 길을 가는 사람은 구십 리를 중간 지점으로 생각해야 한다는 말이 있습니다. 이제 새로 배워야 할 것은 표적을 맞히는 것입니다."

지금까지 표적인 동시에 화살 받이로 사용되었던 것은 나무 받침대에 올려놓은 볏단이었는데, 사선으로부터 불과 화살 두 대 거리밖에 떨어져 있지 않았다. 반면 정식 표적은 약 60미터 떨어진 곳의 높고 길쭉한 모래 언덕 위에 세워져 있었다. 그 모래 언덕은 삼면이 벽으로 둘러싸이고, 사수가 서는 사대와 마찬가지로 처마가 높이 말려 올라간 기와지붕으로 덮여 있었다. 그리고 사대와 표적대 두 건물은 양쪽으로 늘어선 높은 판자벽으로 연결되어 외부와는 차단된 공간을 이뤘다. 바로 이 공간 안에서 특별한 일이 진행되는 것이다.
선생님은 표적을 향해 활쏘기를 시연해 보였는데, 두 개의 화살 모두 검은 점에 명중했다. 그러고 나서 그는 우리에게 이제껏 해온 대로 모든 의식을 수행하고,

표적의 존재에 조금도 흔들리지 말고 활을 최대로
당긴 상태에서 멈추었다가 화살을 쏘라고 했다. 우리의
날렵한 대나무 화살은 대충 의도한 방향으로 날아가긴
했으나, 표적은커녕 모래 언덕조차 제대로 맞추지
못하고 그 앞 땅바닥에 떨어지곤 했다.

"화살이 멀리 나가지 못하는 이유를 아십니까?"
선생님은 말했다.

"'발사'가 정신적으로 완전한 단계에 이르지 못했기
때문입니다. 훌륭한 궁사는 중간 강도의 활로도,
정신이 결여된 궁사가 가장 강한 활로 쏘는 것보다
더 멀리 쏠 수 있습니다. 활의 대가들은 늘 겪는
일이라 잘 아는 사실이지요. 그러니 활이 문제가
아니라 활을 쏠 때의 평정심, 즉 활력과 깨달음 이런
것들이 중요합니다. 이 정신적 각성의 힘을 최대로
분출시키기 위해서는 의식儀式을 지금까지와는 다르게,
진정한 춤꾼이 춤을 추듯 행해야 합니다. 그렇게 되면
사지의 움직임이 단전, 즉 올바른 호흡이 이루어지는
곳으로부터 샘솟게 됩니다. 단지 기계적으로 반복하는
의식이 아닌 순간적인 영감으로부터 의식을 새로
창조하듯이 행하게 됩니다. 거기서 춤과 춤꾼은 하나가

됩니다. 의식을 춤추듯 수행함으로써, 당신의 정신적 각성은 최고의 힘을 얻게 됩니다."

당시에 내가 얼마나 성공적으로 의식을 '춤추고', 그럼으로 해서 단전으로부터 용솟음치게 했는지는 분명치 않다. 화살을 좀더 멀리 날리는 데는 성공했으나 표적을 맞출 수는 없었다. 그래서 한 번은 선생님에게 왜 표적을 겨냥하는 법에 대해 전혀 설명하시지 않는지를 물어 보았다. 나의 생각으로는 표적과 화살촉 사이에 반드시 어떤 관계가 있음에 틀림없기 때문이었다. 말하자면 명중시킬 수 있게 하는 검증된 조준 방법 같은 것이 있지 않겠는가?

"물론 있습니다."
선생님은 대답했다.

"그리고 그 방법은 당신 스스로 쉽게 발견할 수 있습니다. 그러나 그렇게 해서 백발백중 표적을 맞춘다면, 당신은 남에게 과시하는 기교적 사수에 불과합니다. 몇 발이 명중했는지 꼼꼼하게 세는 사람에게 표적은 꿰뚫어야 할 불쌍한 종잇장에 불과합니다. 활쏘기의 '위대한 가르침'은 그런 것을 수준 이하의 행위로 간주합니다. 활쏘기의 '위대한 가르침'은 사수 앞에 저만치 떨어져 있는 표적에 대해서는 아무것도 알지 못합니다. 단지 기술적으로는 결코 겨냥할 수 없는 표적에 대해서만 알 뿐입니다. 그 표적에 굳이 이름을 붙이자면 '부처'라고나 할까요."

그 점은 자명한 것이어서 아무 설명도 덧붙일 필요가 없다는 듯이, 선생님은 말을 마치고 나서 우리에게 활을 쏠 때 자신의 눈을 잘 보라고 강조했다. 그의 눈은 의식을 수행할 때와 마찬가지로 거의 감겨 있었고, 그가 조준을 하고 있다는 인상은 전혀 받을 수 없었다. 우리는 그의 말에 순종하며 연습했고, 겨냥하지 않고 활을 쏘았다. 처음에는 내 화살이 어디로 날아가는지 전혀 개의치 않았다. 우연히 명중해도 기뻐하지 않았는데, 단지 우연히 그렇게 되었음을 알고 있기 때문이었다.
그런데 시간이 가면서 이렇게 허공에 활을 쏘는 일을 더 이상 계속할 수가 없었다. 나는 다시 생각하려는 유혹에 빠졌다. 그리고 결국 도대체 어찌해야 할 바를 모르겠다고 고백할 때까지 선생님은 나의 혼란에 대해 마치 전혀 모르는 척 행동했다.

"쓸데없는 근심을 하고 있군요."
그는 위로하듯 말했다.

"제발 명중이라는 말을 머리에서 지워버리세요. 백발백중이 아니라도 명궁이 될 수 있습니다. 저기 있는 표적에 명중시키는 것은 최고도의 무심, 무아지경, 자기 몰입, 또는 뭐라고 이름 붙이든 간에, 이런 상태에 대한 외적인 검증에 불과합니다. 통달에도 여러 단계가 있습니다. 마지막 단계에 도달한 사람만이 비로소 외부에 있는 저 표적도 백발백중 맞출 수 있습니다."

"바로 그것이 저에게는 도저히 이해되지 않는 점입니다."
나는 대답했다.

"선생님께서 말씀하시는 본래적인, 내적인 표적이 무엇인지는 이해할 수 있을 것 같습니다. 그러나 어떻게 사수가 겨냥하지 않고도 외적 목표인 표적지를 맞출 수 있는지, 또 그렇다면 명중이 어떻게 내면에서 일어난 일에 대한 외적인 검증이 되는지, 이러한 상호 관계를 저는 도저히 이해할 수가 없습니다."

잠시 후 선생님은 충고의 말을 했다.

"이 현묘한 연관에 대해 대강이라도 이해할 수 있으면, 문제를 해결하는 데 도움이 될 거라 생각하시는 모양인데, 그것은 착각입니다. 여기서 문제가 되는 과정은 지성의 접근이 불가능한 영역에 놓여 있습니다. 개념으로는 파악할 수 없지만, 그럼에도 너무 현실적이어서 어쩔 수 없이 적응할 수밖에 없는 상호 관계들이 자연에는 이미 존재합니다. 이 사실을 잊지 마십시오. 내가 자주 생각하던 하나의 예를 들어 보겠습니다. 거미가 춤추며 거미줄을 칠 때, 거미는 거미줄에 걸릴 파리가 있다는 사실을 알지 못합니다. 햇빛 속에서 아무 생각 없이 춤추던 파리가 영문도 모른 채 거미줄에 걸립니다. 이 두 가지 사태를 통해서 춤추고 있는 것은 '그것'입니다. 이 춤 속에서 내면과 외면은 통일되어 하나입니다. 이런 식으로 사수는 외적으로 겨냥하지 않은 채 표적을 맞춥니다. 이렇게밖에는 달리 설명할 수가 없군요."

이 비유가 내 사고의 상당 부분을 설득한 것은 사실이나(물론 만족스러운 결론에 도달할 수는 없었지만), 한편으로는 내 안의 무엇인가가 이에 수긍하고 아무

의심 없이 연습에 전념하게 하는 것을 거부하고
있었다. 그리고 결국, 수주일에 걸쳐 점점 더 분명하게
형성되던 반론이 나도 모르게 입 밖으로 튀어나왔다.

"혹시 이렇게 생각할 수는 없는지요? 선생님께서는
수십 년간에 걸쳐 연습을 해 오신 나머지 자신도
모르게, 말하자면 몽유병자의 확실성 같은 것으로 활과
화살을 당기고 놓는다고 말입니다. 그래서 의식적으로
겨냥을 하시지는 않지만, 표적을 명중시키고 또
명중시킬 수밖에 없는 것은 아닌지요."

이미 나의 집요한 질문 공세에 익숙해진 선생님이
머리를 가로저었다. 그리고 잠시 생각에 잠긴
듯하더니, 이렇게 말했다.

"당신이 말한 것이 어느 정도 사실일 수도 있겠다는
것을 굳이 부인하지 않겠습니다. 내가 비록 의도적으로
표적을 겨냥하지는 않지만, 적어도 표적을 볼 수
있도록 '마주 보고' 서는 것은 사실입니다. 그러나
이 바라봄은 충분하지 않고, 결정적이지도 않으며,
또한 아무것도 설명해 주지 않는다는 것을 나는 알고
있습니다. 왜냐하면 나는 표적을 마치 보지 않는 듯이

바라보기 때문입니다."
"그렇다면 선생님께서는 눈을 가리시고서도 표적을
맞추실 수 있어야만 합니다."
선생님의 말이 끝나자마자 나도 모르게 내뱉은
말이었다.
순간 나는 선생님의 눈빛을 살폈고, 선생님이 내 말에
상처를 입으신 것은 아닌지 걱정이 되었다. 이윽고
선생님은 이렇게 말했다.

"오늘 저녁에 나를 찾아오십시오!"

나는 그를 마주하고 방석 위에 앉았다. 그는 내게 차를
대접했지만, 아무 말도 하지 않았다. 우리는 오랫동안
그렇게 마주 앉아 있었다. 이글거리는 숯불 위에서
끓고 있는 물소리 외에는 아무것도 들리지 않았다.
마침내 선생님은 자리에서 일어서더니, 내게 따라
오라는 몸짓을 했다.
사대에는 불이 밝혀져 있었다. 선생님은 뜨개바늘처럼
길고 가느다란 향香을 표적 앞 모래 위에 꽂으라고
했다. 그리고 표적이 있는 모래 언덕에는 불을 밝히지
못하게 했다. 너무 어두워서 나는 표적의 윤곽조차
볼 수 없었다. 향의 작은 불꽃이 없었다면, 표적이

있는 자리를 대충 짐작은 할 수 있을지언정 그 자리를
정확하게 분간할 수는 없었을 것이다.
그리고 마침내 활이 쏘아졌다. 그 순간, 선생님은 분명
의식儀式을 '춤추었다.' 그가 쏜 첫 번째 화살이 밝은
사대를 벗어나 깊은 어둠 속으로 날아갔다. 화살이
꽂히는 소리를 통해서 표적에 명중했음을 알았다. 두
번째 화살도 명중했다.
내가 표적대의 불을 밝혔을 때, 나는 그저 놀랄 수밖에
없었다. 첫 번째 화살이 표적 정 가운데의 검은 점에
꽂혔고, 두 번째 화살은 첫 번째 화살의 깃을 찢고, 더
나아가 대를 약간 쪼개면서 역시 검은 점에 나란히
꽂혀 있었던 것이다.
나는 차마 화살을 하나씩 뽑지 못하고 표적에 꽂힌
채로 가져왔다. 선생님은 그것을 유심히 살펴보았다.
그리고는 말했다.

"당신의 말대로라면 첫 번째 발사는 그리 대단한
것이 아닐 것입니다. 수십 년 동안 저 표적대에
익숙해졌으니, 캄캄한 어둠 속에서도 표적이 어디에
있는지 알 것이기 때문입니다. 그럴 수 있습니다. 그
점에 대해서는 다른 변명을 하지 않겠습니다. 그러나
첫 번째 화살을 맞힌 두 번째 화살, 이에 대해 어떻게

생각하십니까? 어찌 됐든 이 두 번째 발사의 주체가 '내'가 아니라는 사실을 나는 알고 있습니다. '그것'이 쏘았고, 명중시켰습니다. 부처께 하듯이 표적 앞에 예를 표합시다!"

이 두 개의 화살로 선생님은 분명히 나도 명중시켰다. 밤새 나는 마치 다른 사람이 된 듯 더 이상 내 화살에 대해서, 그것이 어디로 가는지 걱정하려는 유혹에 빠지지 않았다.
나의 이런 태도를 더욱 강화시킨 것이 있었다.
선생님은 한 번도 표적을 보지 않고 오직 사수만을 바라보았는데, 마치 사수만 바라보면 발사가 명중했는지 아닌지 가장 정확히 알 수 있다는 투였다. 이에 대해 질문을 했을 때, 선생님은 흔쾌히 그 사실을 인정했다. 그리고 곧 그의 정확한 활 솜씨 못지않게 발사의 판정 역시 정확하다는 것을 계속해서 확인할 수 있었다.
그는 이렇게 스스로 행하는 최고의 정신 집중을 통해서, '활쏘기의 기예'의 정신을 제자에게 전수했다. 오랫동안의 심사숙고를 거친 내 경험을 통해 자신 있게 말하건대, 이심전심[3]의 직접 전수에 대한 이야기는 단지 미사여구가 아니라 실제로 경험할 수 있는 현실적 과정이다.

이 무렵 선생님은 역시 직접 전수에 속하는 또 다른 종류의 도움을 주었다. 내가 계속 잘못된 발사를 하면, 그는 나의 활을 가지고 직접, 발사 시범을 보여주었다. 그러면 신기하게도 활이 눈에 띄게 좋아졌다. 마치 활이 이전과 다르게 더 유순하고 영특해지는 듯했다. 나에게만 그런 것이 아니었다. 선생님의 나이 많고 경험 많은 제자들은(이들의 직업은 아주 다양했다) 이 사실을 당연하게 여겼고, 내가 돌다리마저 두드려보며 건너는 사람처럼 질문을 해대는 것을 의아하게 생각했다.

마찬가지로 검의 대가들도 대장장이가 힘든 작업을 통해 심혈을 기울여 만든 칼에는 그 정신이 깃들어 있으며, 또 그렇기 때문에 대장장이는 예복과도 같은 특수한 복장을 하고 작업한다고 믿고 있다. 검의 대가들의, 칼의 정기에 대한 믿음은 어떤 반론에도 흔들리지 않는다. 그러기에는 그들의 경험이 너무도

---

3 - 역주: 《전등록傳燈錄》에 나오는 말로 원래는 불교의 법통을 계승하는 방식을 뜻한다.

확고한 것이다. 그들은 워낙 노련해서 칼이 자신에게
걸어오는 말을 알아채지 못하는 일이 없다.
그렇게 새로운 깨달음으로 하루하루 활쏘기에
매진하던 어느 날, 막 활을 쏜 순간 선생님이 소리쳤다.

"바로 그것입니다! 예를 표하십시오!"

그때 표적을 바라보았더니(아직 명중에 대한 집착을 떨치지
못한 나는 유감스럽게도 그렇게 하지 않을 수 없었다), 화살은
단지 표적 한 귀퉁이를 스쳤을 뿐이었다.

"올바른 발사였습니다."
선생님이 말했다.

"그렇게 시작해야 합니다. 오늘은 여기까지만 합시다.
그렇지 않으면 다음 발사에서 지나친 노력을 기울이게
되어, 좋은 출발을 망쳐버릴 수 있으니까요."

시간이 지나면서 가끔 여러 개의 발사가 연달아
성공하여 표적을 명중시키기도 했지만, 여전히 많은
발사는 실패였다. 그러나 내가 조금이라도 거기에
신경을 쓰는 듯한 표정을 하면 선생님은 엄하게

질책했다.

"도대체 무슨 생각을 하고 있지요?"
"발사가 잘못 됐다 하더라도 불쾌해 해서는 안 됩니다. 이것은 진작부터 잘 알고 있는 사실입니다. 또한 발사가 잘됐어도 기뻐하지 않는 법을 배워야 합니다. 기쁨과 고통 사이를 오가는 데에서 벗어나야 합니다. 그러니까 넉넉한 평정심을 통해서 그것을 초월하는 법을, 마치 당신이 아니라 다른 누군가가 잘 발사하기라도 한 듯 기뻐할 줄 아는 법을 배워야 합니다. 여기서도 당신은 부단히 노력해야 합니다. 이것이 얼마나 중요한지, 당신은 아직 짐작할 수 없을 것입니다."

이 시기의 몇 주와 몇 달은 내 생애에서 가장 힘들었던 수업 시간이었다. 거기에 적응하는 것이 그리 쉽지는 않았지만, 나는 점차 내가 얼마나 많은 것을 배웠는지 깨닫게 되었다. 그 수업을 통해서 나 자신에의 집착과, 감정의 기복에 사로잡히는 충동적 경향이 남김없이 사라진 것이다.
언젠가 한번 특별히 훌륭한 발사를 했을 때, 선생님은 이렇게 물었다.

"이제 '그것'이 쏜다는 말, '그것'이 명중시킨다는 말의 의미를 이해하시겠습니까?"

나는 대답했다.

"아니요. 도대체 아무 것도 이해하지 못하겠습니다. 가장 단순 명료한 것조차 혼란스럽게 느껴지는군요. 제가 활을 당기는 것인지, 아니면 활이 저를 최대의 긴장으로 당기는 것인지. 제가 표적을 명중시키는 것인지, 아니면 표적이 저를 맞추는 것인지. '그것'은 육신의 눈으로 보면 정신적이고, 정신의 눈으로 보면 육체적인지, 또는 둘 다인지. 그도 아니면 둘 중 아무 것도 아닌지. 활, 화살, 표적, 그리고 저 자신, 이 모든 것이 서로 얽혀 있어서 더 이상 분리할 수가 없습니다. 그리고 분리하려는 욕구 자체가 사라졌습니다. 활을 잡고 쏘는 순간 모든 것이 너무도 맑고 명료하며, 그저 우습게 느껴지기…."

이 때 나의 말을 끊으며 선생님이 말씀하셨다.

"방금 마침내 활시위가 당신의 한가운데를 꿰뚫고 지나갔습니다."

시
험

09

그렇게 5년 즈음이 흘렀을 때, 선생님은 시험을 치를 것을 제안했다.

"기술을 펼쳐 보이는 것은 중요한 문제가 아닙니다."
그는 이렇게 설명했다.

"궁사의 정신적 태도에 훨씬 더 높은 가치를 부여합니다. 눈에 보이지 않는 미세한 부분에까지 말입니다. 특히 관중 때문에 흔들리지 말고, 우리만 있을 때처럼 차분하게 의식을 치르기를 기대합니다."

시험에 대한 언급은 그때뿐이었다. 뒤이은 몇 주 동안에도 시험 준비 같은 것은커녕 그에 대한 언급조차 없었다. 그리고 몇 발 쏘지도 않고 수업이 끝났다. 그 대신 집에서 의식을 차분하게 그리고 무엇보다 올바른 호흡으로 실행하여 깊은 자기몰입을 행하라는 숙제를 받았다.
우리는 선생님의 말씀대로 연습했다. 그리고 곧 활과 화살 없이 의식을 춤추는 데 익숙해지자 새로운 사실을 깨달았다. 몇 단계를 거치지 않고도 바로 놀랄 만큼 정신을 집중할 수 있다는 것이었다. 가볍게 몸의 힘을 빼서 집중을 쉽게 하려 노력하면 할수록 집중은

더 강해졌다. 그러고 나서 수업 시간에 활과 화살을
잡으면, 힘들이지 않고 '정신의 현존' 상태로 미끄러져
들어갈 수 있었다.

그리고 드디어 시험 날이 다가왔다. 우리는 너무도
마음이 평온해서 관중의 존재에도 평정심을 유지했다.
우리는 선생님이 난처한 웃음을 지으며 관중들에게
양해를 구할 필요가 없을 정도로 훌륭하게 시험에
합격했다. 그리고 그 자리에서 졸업장을 받았다.
졸업장에는 나와 내 아내가 도달한 숙달의 단계가
적혀 있었다. 선생님은 특별히 화려한 옷을 입고 두
발의 완벽한 활쏘기를 보여 주었고, 그렇게 시험은
마감되었다. 며칠 뒤 내 아내는 공식적인 꽃꽂이
시험에서도 사범 칭호를 받았다.

이때부터 수업은 새로운 모습을 띠었다. 활쏘기 연습의
비중을 줄이고, 활쏘기의 '위대한 가르침'을 여러
맥락에서, 또 우리가 도달한 단계에 맞추어서 설명하는
데로 넘어갔다. 물론 선생님은 비밀스런 상징과 모호한
비유를 통해서 설명했지만, 무엇이 문제인지 우리가
이해하는 데에는 아주 희미한 암시만으로도 충분했다.
그가 가장 상세히 설명한 것은 '기예 없는 기예'의
본질에 관한 것이었다. 활쏘기가 완성되려면 바로
거기에 도달해야 한다는 것이다.

"토끼의 뿔과 거북이의 머리카락으로 쏠 수 있는 사람, 즉 활(뿔)과 화살(머리카락) 없이 명중시킬 수 있는 사람이 비로소 가장 진정한 의미에서의 명인, '기예 없는 기예'의 명인입니다. 더 나아가 그는 '기예 없는 기예' 자체이며, 또한 명인인 동시에 명인이 아닙니다. 이러한 전환과 함께 활쏘기는 운동 없는 운동으로서, 춤 없는 춤으로서 선으로 이행합니다."

한번은 우리가 나중에 고향에 돌아가서 선생님 없이 어떻게 해야 계속 정진할 수 있는지 물었을 때, 그는 대답했다.

"두 분에게 시험을 보게 한 것으로 이미 그 질문에 대답했습니다. 당신은 스승과 제자가 더 이상 둘이 아니라 하나인 단계에 도달했습니다. 그러니 언제라도 나를 떠날 수 있습니다. 우리 사이에 넓은 바다가 가로놓여 있더라도 당신이 배운 대로 연습할 때는 나도 항상 거기에 있습니다. 어떤 경우에도 연습을 게을리 하지 말라고, 또 하루도 빠짐없이(활과 화살이 없어도) 의식을 행하라고, 또는 적어도 올바른 호흡 수행을 하라고 굳이 부탁할 필요는 없겠지요. 그런 부탁을 할 필요가 없는 이유는 당신이 정신적인 활쏘기를 결코 중단할 수 없다는 것을 내가 잘 알기 때문입니다.
그런 일로는 내게 편지를 쓰지 마시고, 때때로
당신이 어떻게 활을 당기는지 볼 수 있도록 사진을
보내주십시오. 그것만으로도 내가 알아야 할 것은 모두
알 수 있습니다."

"단지 한 가지에 대해서는 마음의 준비를 해야 할
것입니다. 두 분은 최근 몇 년을 지내면서 다른
사람으로 변화되었습니다. 활쏘기의 기예가 그렇게
한 것이지요. 궁사로서 겪은 자신과의 심오한 대결이
그렇게 한 것입니다. 지금까지는 아마 그 변화를 못
느꼈겠지만, 고향에 돌아가 친구와 친지들을 다시
만나면 어쩔 수 없이 느끼게 될 것입니다. 이전처럼
그렇게 사이가 원만하지 않을 것입니다. 안 보이던
것들이 보일 것이고, 다른 기준으로 사물을 이해할
것입니다. 나 역시 그랬고, 이 기예의 정신을 접한 모든
사람이 그렇게 되었습니다."

그는 이별이 아닌 이별에 대한 선물로 그가 가장
아끼는 활을 나에게 주었다.

"당신이 이 활을 쏠 때면, 명인의 숨결이 깃들어
있음을 느낄 것입니다. 이 활을 단지 호기심을 가진

사람 손에는 쥐어주지 마십시오! 그리고 이 활이 더 이상 못 쓰게 된 다음에는 기념품으로 소장하거나 하지 마십시오. 한 줌의 재밖에 남지 않도록 태워 없애 버리십시오."

명인의 경지

10

그런데 이 글을 읽는 독자들 중에서, 활쏘기가
병기로서 쓸모없게 되면서 살아남기 위해 지나치게
정신적인 면에 집착하는 불건전한 방식으로 승화된
것은 아닌지 의심하는 이들도 있을지 모르겠다. 물론
그렇게 느끼는 것에 대해서는 충분히 이해할 수 있다.
그래서 다시 한 번 명확히 강조하고 싶은 것은, 선이
활쏘기를 포함한 일본의 기예들에 근본적인 영향을
미친 것은 어제 오늘의 일이 아니라는 점이다. 그것은
이미 수백 년간 이어온 과정이었다. 그러므로 아주
오래 전에 살았던 활의 명인도 활쏘기의 기예의 본질에
대해서는 분명, '위대한 가르침'에 충실한 현대의
명인과 똑같은 말을 할 것이다. 그리고 사실이 그렇다.
이 기예의 정신은 수백 년에 걸쳐서 항상 똑같았다.
그것은 '선' 자체처럼 거의 변할 수 없는 것이다.
하지만 아직 남아 있을 수 있는 모든 의심에 답하기
위해 다른 기예와 비교를 한번 해보겠다. 그것은
검도인데, 전쟁에서 검술이 가지는 의미는 지금 시대의
상황에서도 결코 무시될 수 없다.
내가 검도를 비교 대상으로 삼은 이유는 단지 나의
스승인 아와 선생님이 검을 '정신적으로' 사용할 줄
알았고, 또 그가 궁도와 검도의 경험 사이에 놀라운
일치가 있음을 지적했기 때문만은 아니다. 그것보다는

무사도가 만개했던, 그래서 검술의 명인들이 생사를 건 싸움을 통해 판정 시비 없이 자신의 솜씨를 증명하던 시대로부터 전해지는 최고의 문헌이 있기 때문이다. 위대한 선사인 다쿠안澤庵(1573-1645)의 서간집《흔들림 없는 파악不動智神妙錄》이 그것인데, 여기서는 선과 검도의 관계와 칼싸움의 실제에 대해 다루고 있다. 검도의 '위대한 가르침'을 그렇게 포괄적·근원적으로 해명한 문헌이 또 있는지는 모르겠다. 또한 활쏘기의 기예와 관련해 이와 유사한 증언이 있는지는 더더욱 모르겠다. 그러나 한 가지는 분명하다. 이 문헌이 전해진 것은 커다란 행운이며, 검술의 명인에게 쓴 편지 형식의 이 책을 거의 완역하여 많은 사람들이 읽을 수 있게 한 것은 스즈키 다이세쓰의 큰 공적이라는 점이다.[4]

이 문헌과 또 그 이후 위대한 명인들의 의견을 참고해, 이미 수백 년 전에 완성된 검도의 경지가 그동안 어떻게 이해되었으며, 앞으로 어떻게 이해되어야 하는가를 내 나름으로 재구성하고 요약하여 가급적 명확하게 제시하고자 한다.

검도의 명인들 사이에는 많은 제자를 가르치면서 알게 된 명백한 상식이 하나 있다. 초심자는 아무리 힘이 세고

---

4 - 스즈키 다이세쓰《선과 일본 문화》

호전적이라도, 또 대담함과 용맹성을 타고났더라도 막상 수련에 들어가면 원래의 순수함과 자신감을 잃어버리게 된다는 것이다.

초심자는 칼싸움에서 생명을 해할 수 있는 모든 가능한 기술을 배운다. 그래서 이윽고 주의력을 극도로 집중시켜 적을 날카롭게 관찰하고, 적의 공격을 기술적으로 방어하며 효과적으로 공격할 수 있게 되지만, 그럼에도 그는 검도에 입문하기 전 마구잡이로 칼을 휘두르던 때보다 더 싸움을 못한다. 그때는 연습 경기여서 반은 재미로, 반은 진지하면서도 순간적인 영감과 싸움의 흥이 요구하는 대로 멋대로 칼을 휘둘렀다. 그러나 이제는 나보다 더 강하고, 더 빠르고, 더 많이 수련한 상대의 정확한 일격에 내맡겨지리라는 냉혹한 사실을 인정해야 하며, 또 이에 적응해야 한다. 그에게는 지칠 줄 모르는 연습 이외에는 다른 길이 없고, 스승도 일단은 달리 해줄 말이 없다. 그래서 수련생은 다른 수련생들의 수준을, 심지어는 자기 자신의 수준을 능가하는 데에만 온 힘을 쏟는다. 그러다가 그는 잃어버린 자신감을 제법 회복시켜주는 한 가지 검법을 터득하고서, 추구하는 목표에 점점 더 가까이 다가가고 있다고 느낀다. 그러나 스승은 그에 대해 전혀 다르게 생각하는데, 당연히 그럴 수밖에 없다고 다쿠안은 단언한다. 왜냐하면 수련생의 모든 기량이란 결국 "그의 심장이 칼로 도려내"지는 데로 귀결될 뿐이기 때문이다.

그럼에도 입문 단계의 수업이 이와 다른 방식으로 진행될 수는 없다. 그것은 초심자에게 전적으로 적합한 방식이다. 그러나 그런 수업은 스승이 이미 잘 알고 있듯이 참된 목표에까지 도달할 수 없다. 물론 수련생이 열심히 연습한다고 해도, 또 타고난 검술의 재능이 있다고 해도 검의 달인이 되지 못하는 것은 당연히 있을 법한 일이다. 그러나 무분별하게 싸움의 열정에 휩쓸리지 않고 냉철함을 유지하는 법을 오랫동안 배운 사람, 또한 체력을 신중하게 배분하고 호흡이 긴 전투도 감당할 만큼 단련되었으며 원근에는 더 이상 대적할 자가 없는 사람, 이런 사람도 궁극적인 기준으로 보면 결국 실패하며 조금도 진보를 이루지 못하는 경우가 있다. 이는 어디에 기인하는 것인가? 다쿠안에 따르면 그것은 상대를, 다시말해 상대가 어떻게 칼을 휘두르는지를 세심하게 살피는 일을 그만둘 수 없기 때문이다. 다시 말해 어떻게 가장 효과적으로 그를 공략할 것인가를 생각하고, 또 허점이 드러나는 순간을 노리고 있기 때문이다. 간단히 말해서 자신의 기예와 지식 모두를 총동원하는 데 기인한다.

다쿠안에 따르면, 그렇게 행동함으로써 수련생은 '평정심'을 잃는다. 그는 언제나 한 발 늦게 상대방의 결정적인 일격에 반응하며, 그래서 상대의 칼을 "상대 자신에게 되돌릴" 수가 없다. 그가 검력의 우월성을 자신의 솜씨에 대한 의식적 평가, 싸움의 경험과 전술에 의존시키면 시킬수록 그만큼 더 자유자재한 '마음의 움직임'을 방해하게 된다.

어떻게 이런 상태에서 벗어날 수 있을까? 어떻게 기술적인 기량이 '정신적'으로 되고, 어떻게 최고의 기술적 성취로부터 명인의 검술이 나오는가? 그것은 수련생이 마음을 비우고 무아의 상태가 됨으로써 가능하다. 수련생은 상대로부터 그리고 또한 자기 자신으로부터 벗어나는 데로 나아가야 한다. 그가 아직 서 있는 집착의 단계를 꿰뚫고 가야 하며, 마침내 넘어서야 한다. 물론 완전히 실패해 주저앉아버릴 위험에도 불구하고 그렇게 해야 한다.

이것은 활쏘기에서 요구되는 것, 가령 겨냥하지 않고 맞추어야 하고, 표적과 표적을 맞추려는 의도를 완전히 배제해야 한다는 요구와 마찬가지로 불합리하게 들리지 않는가? 그러나 다쿠안이 설파한 검도의 명인의 경지는 실전에서 수없이 입증되었다는 사실을 잊지 말아야 할 것이다.

스승의 임무는 길 자체를 알려 주는 것이 아니라, 궁극의 목표를 향한 길이 어떤 것인지를 스스로 찾아 나가도록 하고, 또 그 결과에 책임을 지는 것이다. 먼저 그는 제자가 본능적으로 공격을, 전혀 예상 밖의 공격까지도 피하도록 훈련을 시키는 데서 시작한다. 스즈키 다이세쓰는 재미있는 일화를 통해서 한 스승이 이런 어려운 교육 과제를 달성하기 위해 개발한 방법을 소개하고 있다.

일본 검도의 대가는 제자를 훈련시킬 때 종종 선의 방법을 사용하곤 했다. 옛날 한 제자가 검술을 배우려고 대가를 찾아왔다. 은퇴하여 산 속에 초막을 짓고 살던 대가는 그를 제자로 받아들였다. 그날부터 제자는 땔감으로 쓸 나무를 해 오고, 근처 샘에서 물을 길어 왔으며, 불을 지피고 밥을 짓고 방과 마당을 청소하는 등 스승의 뒤치다꺼리를 해야 했다. 그러나 검술은 전혀 배울 수가 없었다. 그러자 젊은 제자는 불만에 가득 찼다. 그가 산에 온 것은 검술을 배우기 위함이지, 늙은이의 종노릇을 하기 위함이 아니었다. 그래서 어느 날 용기를 내어 스승에게 검술을 가르쳐 달라고 청했다. 스승은 그러자고 했다.

그 결과 젊은이는 한시도 마음을 놓을 수가 없게 되었다. 그가 이른 새벽에 밥을 짓기 시작하면 갑자기 스승이 뒤에 나타나서 지팡이로 후려쳤다. 방바닥에 걸레질을 하고 있을 때도 언제 어느 곳에서 지팡이가 날아올지 몰랐다. 그는 한시도 마음을 놓을 수 없었고, 항상 깨어 있어야 했다.

몇 년이 지나자, 그는 지팡이가 언제 어느 방향에서 날아와도 피할 수 있게 되었다. 그러나 스승은 아직도 충분하다고 말하지 않았다. 어느 날 스승이 불 앞에서 나물을 데치고 있을 때였다. 제자는 이 기회를 놓치지 말아야겠다고 생각했다. 그는 커다란 장작가지를 들어 나물을 젓느라 솥을 들여다보고 있는 스승의 머리를 힘껏 내리쳤다. 그러나 스승은 솥뚜껑으로 제자의 장작가지를 막았다.

이 일로 제자는 비로소 검술의 비밀에 눈뜨게 되었다. 그때서야 제자는 처음으로 스승에 대한 고마움을 느꼈다.[5]

여기서 제자는 새로운 감각, 더 정확히 말하면 모든 감각의 새로운 각성을 획득해야 한다. 그래서 마치 미리 예감했다는 듯이 위협적인 공격을 피할 수 있게 되어야 한다. 이러한 피함의 기예를 터득하면, 더 이상 상대의

---

5 - 스즈키 다이세쓰 《선불교과 일본 문화에 대한 그 영향 Zen Buddhism and Its Influence on Japanese Culture》

움직임을 주의 깊게 살필 필요가 없다. 그 상대가 한 명이든 여러 명이든 상관없이 말이다. 오히려 이제 막 시작되려는 것을 보고 예감하는 순간, 그는 이미 본능적으로 이 사건의 결과로부터 몸을 피한다. 마치 보고, 느끼고, 피하는 것 사이에 '종이 한 장 차이'도 없다는 듯이.

그것이 중요한 점이다. 직접적인 전광석화 같은 반응을 위해서는 의식적인 관찰은 전혀 필요하지 않다. 그리고는 제자는 더 이상 아무런 의식적인 예측도 하지 않게 되었다. 이로써 그는 이미 많은 것을 배운 것이다. 다시 말해 제자는 상대를 어떻게 가장 잘 공략할 것인가를 생각하거나 탐색하지 않게 된 것이다. 제자는 상대와 마주하고 있으면서, 그것이 생사가 걸린 문제라는 사실을 까맣게 잊어야 한다.

제자는 처음에는 상대의 움직임과 관련된 모든 관찰과 생각을 포기하면, 그것으로 충분하다고 생각한다. (그리고 그렇게 생각할 수밖에 없다.) 그는 스승이 요구한 금기를 아주 진지하게 받아들이고, 차츰 자신을 통제해 나간다. 그러나 자기 자신에게 정신을 집중할수록 어쩔 수 없이 싸우고 있는 자신을, 그러면서도 상대를 주목하지 않으려고 애쓰는 자신을 오히려 보게 된다는 사실은 깨닫지 못한다.

스스로는 어떻게 생각하든 간에 그는 아직 상대를
은밀하게나마 보고 있는 것이다. 단지 가상적으로만
상대에게서 벗어났을 뿐이고, 그만큼 더 강하게 상대와
결부되어 있다.

단지 주의력을 상대로부터 자기로 돌린 것만 가지고는
근본적으로 아무것도 달성한 것이 없다. 제자에게
납득시키기 위해서는 정신 지도의 아주 세밀한 기술이
필요하다. 제자는 상대를 외면하는 만큼 자기를
외면해야 하고, 근본적인 의미에서 무의도적으로
되기를 배워야 한다. 그러기 위해서는 활쏘기에서와
마찬가지로 엄청난 연습이 필요하다. 소득 없이
느껴질 정도의 끈질긴 연습 말이다. 이러한 연습으로
일단 목표에 도달하면, 달성된 무의도성(또는 무심함)
속에서 의도성(자기 노력)의 마지막 찌꺼기까지
사라진다.

이러한 초탈과 무의도성에 도달하면, 저절로 앞의
단계에서 달성한 본능적 회피에서 한 걸음 더 나아간
태도가 생겨난다. 의도된 공격을 간파하는 것과 그것을
피하는 것 사이에 종이 한 장 차이도 없었듯이, 이제는
피함과 앞으로 나아감 사이에 아무런 차이도 없다.
피하는 순간에 이미 일격을 가할 준비를 하며, 일부러
의도하기도 전에 벌써 치명적인 일격이 손쓸 겨를

없이 정확하게 이루어진다. 마치 칼이 스스로 움직이는 듯하다.

활쏘기에서 '그것'이 겨냥하고 명중시킨다고 말할 수밖에 없었듯이, 여기서도 '나' 대신에 '그것'이 등장하고, '그것'이, 치열한 노력을 통해 습득한 나의 능력과 솜씨를 사용한다. 여기서도 '그것'은 우리가 이해할 수도 포착할 수도 없는, 단지 이미 경험한 사람에게만 자신을 드러내는 그 무엇에 대한 이름일 뿐이다.[6]

다쿠안에 따르면, 검도의 완성은 나와 너에 대해, 상대와 상대의 칼에 대해, 자신의 칼과 그것을 어떻게 쓸지에 대해 아무 생각도 하지 않는 것, 심지어는 삶과 죽음에 대해서도 생각하지 않는 데 있다.

"그러므로 모든 것이 공空이다. 너 자신, 거머쥔 칼 그리고 칼을 휘두르는 두 팔 모두가. 그렇다! 공에 대한 생각마저도 없다."

"이 절대적인 공으로부터 행위의 가장 놀라운 전개가

---

6 – 하인리히 폰 클라이스트Heinlich von Kleist의 논문《꼭두각시 극장에 대하여Über das Marionettentheater》와 비교해 보라. 클라이스트는 전혀 다른 지점에서 출발했지만, 여기서 다뤄진 주제에 놀랍도록 가까이 간다.

생겨난다"고 다쿠안은 확언한다.

이런 점에서 활쏘기와 검술에 타당한 것은 다른 모든 기예에 대해서도 타당하다. 또 하나의 예를 든다면 수묵화에서 명인의 경지는, 기술을 완벽하게 터득한 손이, 정신이 움직이는 그 순간 마음에 떠오르는 것을 그려서 보여준다는 데서 드러난다. 마치 마음과 손 사이에 '종이 한 장의 차이'도 없다는 듯이. 여기서 그리기는 무의도적인 자동적인 과정으로 된다. 여기서도 화가가 받을 지침은 다음과 같을 것이다.

"십 년 동안 대나무를 관찰하고, 스스로 대나무가 되어라. 그리고 모든 것을 잊고, 그려라."

검의 명인은 다시 초심자처럼 순진하다. 수업을 시작하면서 상실했던 순진한 용맹함은 마지막에 흔들림 없는 성격으로서 다시 얻어진다. 그러나 초심자와 달리 그는 차분하고 조용하며 겸손하다. 자기를 과시하고 싶은 욕구는 전혀 없다. 초심자와 명인의 단계 사이에는 지칠 줄 모르는 연습의 길고 험난한 세월이 가로놓여 있다.
기술적 기량은 선의 영향을 받음으로써 정신적으로

되고, 수련생 자신도 매 단계를 내적으로 극복해 나감으로써 점점 더 자유인으로 변화한다. 그의 '혼'이 된 칼은 이제 칼집에서 좀처럼 빠지지 않는다. 불가피한 경우에만 그는 칼을 빼낸다. 그래서 하찮은 상대, 근육질을 뽐내는 무뢰한과 싸움을 하느니, 차라리 겁쟁이라는 비난을 감수한다. 또는 상대에 대한 큰 존경의 마음에서 그 상대에게 명예로운 죽음을 가져다줄 뿐인 결투를 감행하기도 한다. 여기서 사무라이의 관습, 즉 무사도라고 불리는 '기사의 길'을 규정하는 정서가 잘 드러난다. 다시 말해 검의 명인에게는 명예, 승리, 생명 등 다른 어떤 것보다도 지금까지 그가 경험했고 또 그를 인도했던 '진리의 검'이 가장 고귀하다.

검의 명인은 초심자처럼 겁이 없다. 그러나 초심자와 달리 날이 갈수록 더 담대해진다. 그는 오랜 시간 쉼 없는 명상을 통해 삶과 죽음이 근본적으로 하나이며 똑같은 운명의 차원에 속함을 경험했다. 그래서 그에게는 삶에 대한 걱정과 죽음에 대한 공포가 없다. 그는 기꺼이 이 세상에서 살아가지만, 언제나 죽음에 대해 당황하지 않고 세상을 떠날 준비가 되어 있다. 이것이 선의 본질적인 특징이다.

사무라이들이 자신의 가장 순수한 상징으로 연약한

벚꽃을 선택한 것은 우연이 아니다. 벚꽃 잎들이 가장 화려할 때 고요히 가지에서 떨어져 땅 위로 팔랑거리며 날리듯이, 두려움이 없는 자는 소리 없이 그리고 내면의 동요 없이 자신의 현존재로부터 떨어질 수 있어야 한다.

여기서 죽음의 공포에서 자유롭다는 것은, 지금 좋은 시절을 보내고 있는 사람이 미래에 닥쳐올 죽음 앞에서 떨지 않을 것이라고 스스로 믿고, 죽음의 시련을 견뎌 내리라고 확신하는 것과는 다른 차원을 의미한다. 삶과 죽음을 초탈한 사람은 모든 종류의 공포로부터 자유로워서 도대체 공포가 무엇인지를 전혀 느낄 수 없는 단계에 있다. 진지하고 지속적인 명상의 힘을 경험하지 못한 사람은 그것이 어떤 초극을 가능하게 하는지 짐작조차 할 수 없다.

어쨌든 진정한 명인은 말을 통해서가 아니라 행동으로, 일거수일투족으로 자신의 두려움 없음을 드러낸다. 사람들은 그 모습을 보고 감동 받는다. 그러므로 전혀 두려움이 없다는 것은 그 자체로 이미 명인의 경지이다. 단지 소수만이 이 경지에 실제로 도달하는데, 그것은 그럴 수밖에 없다. 이에 대한 증언으로, 17세기 중반에 씌어진 《하가쿠레葉隱》에서 한 대목을 그대로 인용하고자 한다.

야규 다지마노카미柳生但馬守[7]는 검도의 위대한 명인으로, 당시의 쇼군인 도쿠가와 이에미쓰德川家光에게 검술을 가르쳤다. 어느 날 쇼군의 호위병 중 하나가 다지마노카미에게 와서 검술을 가르쳐 달라고 청했다. 그러자 명인은 말했다.

"내가 보기에 그대 자신이 이미 검의 명인인 듯하오. 우리가 스승과 제자의 연을 맺기 전에 어떤 문하에서 배웠는지 먼저 알려 주오."

호위병은 이렇게 말했다.

"부끄럽습니다만, 고백하건대 저는 검술을 배운 적이 없습니다."
"그대는 나를 조롱하려는가? 나는 경애하는 쇼군의 사범이며, 내 눈이 거짓말을 할 리 없다는 것을 알고 있네."
"제가 사범님의 명예에 누를 끼쳤다면 용서해 주십시오. 그러나 정말로 저는 아는 바가 없습니다."

---

7 - 그는 다쿠안의 서간집 《흔들림 없는 파악》의 주인공인 바로 그 명인이다.

이 말에 명인은 생각에 잠기더니, 마침내 이렇게 말했다.

"그대가 그렇게 말한다면, 인정할 수밖에 없겠지. 그러나 분명히 그대는 하나의 분야에서 대가임에 틀림없소. 어느 분야인지는 나도 정확히 모르겠지만."
"사범님께서 그렇게 말씀하신다면, 고백할 것이 있습니다. 제가 완벽한 대가라고 말할 수 있는 일이 하나 있긴 있습니다. 제가 어릴 적에 사무라이는 어떤 경우에도 죽음을 두려워해서는 안 된다는 생각이 들었습니다. 그 이후(벌써 오랜 세월이 흘렀지만) 끊임없이 죽음의 문제와 드잡이를 했습니다. 그리고 마침내 생사의 문제는 더 이상 저의 근심거리가 되기를 그쳤습니다. 혹시 이것이 사범님께서 알고 싶은 것이었습니까?"

이 말을 듣자 다지마노카미는 소리쳤다.

"바로 그것이오. 그것이 내가 생각했던 것이오. 내 판단이 틀리지 않아서 다행이군. 사실 검도의 마지막 비밀은 죽음에 대한 생각에서 벗어나는 데 있소. 그 목표를 향해서 지금까지 수백 명의 제자를 가르쳐 왔지만, 검도의 최고 단계에 도달한 자는 단 한 명도 없었소. 그대에게는 기술적 수련이 더 이상 필요 없소. 그대는 이미 명인이오."

검도를 배우는 연습장은 예로부터 이렇게 불리고 있다.

"깨달음의 장소 도장道場!"

기예 없는 기예의 길

11

선을 본질로 삼는 기예의 명인들의 존재는, 삼라만상을 포괄하는 구름 속에서 치는 번개와 같다. 진리는 명인의 정신의 자유로운 운동성 속에 현존하며, 명인은 '그것' 안에서 근원적이고 이름 붙일 수 없는 본질로서의 진리와 만난다. 그리고 명인은 반복해서 자기 존재의 극단적 가능성으로서의 이 본질과 만난다. 진리는 명인에게 그리고 명인을 통해서 다른 사람들에게 수천 개의 형식과 형태를 띠고 나타난다. 그러나 명인이 끈기 있게 그리고 우직하게 수행해 온 전대미문의 수련에도 불구하고 그는 아직 최고의 마지막 경지, 즉 삶의 모든 행동이 선에서 인도되며, 또한 지극한 행복의 시간만이 이어질 정도로 철저하게 선에 충일된 경지에는 도달하지 못했다. 그 경지는 가장 높은 단계의 자유가 가장 낮은 단계의 필연으로 되는 경지이다.

'그것'이 명인을 이 마지막 단계에까지 저항할 수 없는 힘으로 몰아가면, 그는 다시금 또 길을 떠나야 한다. 그것이 '기예 없는 기예의 길'이다. 진리와 완전히 하나가 된 사람처럼 진리에 따라 살고자 한다면, 그는 근원적 도약을 감행해야 한다.

그는 다시 제자가 되고 초심자가 되어야 하며, 그가 들어선 길의 마지막 가파른 구간을 돌파해야 한다.

새로운 변신을 통해서!

이 시도에 성공하면 그의 운명은 완성된다. 그는 흠결 없는 진리, 모든 진리를 초월한 진리와 만나며 이로써 모든 근원의 형태 없는 근원, 즉 '모든 것인 무無'와 만나며, 무에게 잡아먹히고, 무로부터 부활한다.

자아의 확장으로 가는 배움의 길

좀 과장해서 말한다면, 나이가 오십 줄을 넘어서면서 복잡한 세상 속에서의 나의 삶을 '조금은' 거리를 두고 볼 수 있게 되었다. 가끔 뒤돌아보게 되는 지난 시절들은 '거친 폭풍우 속의 일엽편주처럼 마구 흔들리는' 이미지로 다가온다. 물론 대체로 보아 특별나게 힘든 경우는 아니었다. 하지만 그래도 자다가 가위에 눌리던 밤들이 종종 있었다. 무슨 스트레스 때문인지 밤새도록 이빨을 갈아댔고, 나도 모르게 이를 앙다문 탓에 턱이 부스러지는 고통에 잠을 깬 적도 많았다. 남과의 끊임없는 비교와 채워지지 않는 갈급한 욕구들과 버릴 수 없는 집착들로부터 조금도 자유롭지 못했다. 그런데 이 모든 것들이 나이가 들면서 슬며시 잦아든다. 열탕과 냉탕을 넘나들던 젊은 날들에 비하면, 나의 영혼은 자신의 한계를 뼛속 깊이 인정하게 되면서, 어쩐지 좀 더 안정되고 조금은 편안해진 것 같다(비교적 그렇다는 말이다).

그렇다고 이제 모든 것을 체념하고 되는 대로 살고 있는 것은 아니다. 내 속의 나를 응시하며 나의 한계를 인정하고, 큰 욕심 없이 그 한계 속에서 할 수 있는 것들을 찾으려고 노력한다. 이런 변화된 마음의 한 자락을 감히 '깨달음'이라고 말할 수는 없겠지만, 다른 한편 '깨달음'이 과연 이것과 전혀 다른 것일까 생각해 본다. 자기 앞에서 벌어지는 일들, 심지어는 내 마음을 거스르며 다가오는 많은 것들을 그저 그렇게 놓아두고, 드러나게 하고, 바라보고, 받아들이는 태도를 이제민 신부님은 '수동의 영성'이라고 부르셨다. 이와 유사한 깨달음을 불교에서는 '방하착(放下着, 자기를 풀어서 내려놓는다)'이라고 한다고 들었다. 어쩌면 해탈은 자기와 외계의 경계가 흐릿해지면서, 자기 안에서 일어나는 것과 밖에서 일어나는 것이 하나의 거대한 흐름으로 이어지는 물아일체의 느낌과 같은 것일지도 모른다. 여기에 번역한 오이겔 헤리겔의 책은 이러한 '수동의 영성', '내려놓음' 또는 '해탈'을 향해 걸어갔던 한 독일 철학 교수의 기록이다.

| 두 지평의 만남 |

원래 독일어로 쓴 이 책의 주제는 '선불교 사상'과 '활쏘기'이고, 저자는 '독일'의 신칸트학파 철학자이며, 이 책이 처음 나온 지는 벌써 60년이 넘게 지났다. 그동안 일본을 비롯해 10여 개국에서 번역되었으며, 최근에 와서야 한국에서도 번역되었다. 이런 서로 어울리지 않는 조합에 대해 어리둥절할 독자들을 위해서 도움이 될 만한 몇 가지를 말해 두고자 한다.

| 철학자, 오이겐 헤리겔 |

먼저 이 책의 저자 오이겐 헤리겔Eugen Herrigel(1884-1955)은 어떻게 해서 일본에 가게 되었으며, 또 왜 하필 일본의 궁도弓道와 선禪에 심취하게 되었을까?

헤리겔은 1900년대 초에 하이델베르크 대학에서 신학과 철학을 공부했다. 당시 하이델베르크 대학에는 당대의 일류 철학자였던 빈델반트Wilhelm Windelband와 리케르트Heinrich Rickert가 재직하고 있었다. 헤리겔은 빈델반트에게 배웠고, 1924년 리케르트의 지도 아래 교수자격논문Habiltation을 썼다. 당시 하이델베르크 대학에는 많은 일본인 유학생들이 공부하고 있었는데, 헤리겔은 특히 일본인 유학생들에게 인기 있는 철학 강사였다. 그는 이들과 함께 플라톤의 철학적 저작들을 읽으면서 깊은 친분을 쌓았다. 이런 인연으로 그는 1924년 일본 도호쿠 제국대학의 교수직 초청을 받게 되었다.

그가 망설이지 않고 일본 대학의 초청을 수락하게 된 배경에는 일본에서 '선'을 배울 수 있으리라는 희망이 크게 작용했다고 한다. 일찍부터 신비적 일치의 영역을 흠모해 오던 그는 살아 있는 선의 전통을 간직하고 있는 일본에 대해 매력을 느꼈다. 그가 일본에서 선을 배우려고 했을 때, 주변의 일본인 친구들은 궁도를

배움으로써 선에 입문하는 우회적인 길을 걷도록
권했다. 서양인으로서 선의 세계에 직접 들어가기는
너무 어려울 것이기 때문이었다. 충고를 받아들여 그는
활쏘기를 배웠고, 이 책에서 자세히 묘사한 우여곡절을
거쳐서 궁도 5단을 땄으며, 그 과정에서 일종의 작은
해탈을 경험했던 것으로 보인다.

일본에서의 선 체험은 그 후 헤리겔의 인생을 크게
변화시킨 듯하다. 물론 겉으로 보기에 그의 삶이
완전히 달라진 것은 아니다. 그는 1929년 귀국 후에
에를랑겐 대학의 철학 교수로 초빙되었고, 1951년에
정년퇴임했다. 그러나 일본에 체류할 때까지만
해도 칸트에 대한 연구 서적 《형이상학적 형식Die
Metaphysische Form》을 발표하고, 한 살 위의 철학자인
카를 야스퍼스Karl Jaspers의 칸트 해석을 비판하는 등
활발하게 철학 연구 활동을 하던 그가 귀국 후에는
독일 신비주의 전통의 비조鼻祖인 마이스터 에크하르트
연구에 몰두하고, 일본 문화와 선을 유럽 사회에
소개하는 데에 열중했다. 그의 제자들 중에서 비교적
널리 알려진 프리드리히 카울바흐Friedrich Kaulbach는
스승에 대해 이렇게 회고했다.

"헤리겔 교수는 나의 박사 학위 논문 계획에 동의하고,

그에 필요한 도움을 제공해 주었다. 그는 신칸트학파 출신이지만, 일본에 체류한 이후 그 전통과 결별한 듯하다. 그의 정신은 기본적으로 선불교도라고 할 수 있다."

1955년 4월 18일 사망한 그는 일본 비단으로 만든 기모노를 입은 채 알프스의 어느 산기슭에 묻혔다고 한다.

| 궁도의 명인, 아와 겐조 |

이 책의 의의를 이해하기 위해서는 헤리겔에게 직접 궁도를 가르쳤던 활의 명인 아와 겐조를 언급하지 않을 수 없다. 아와는 1880년 미야기현에서 태어났다. 부모는 정종이나 된장을 만드는 데에 쓰이는 발효 쌀을 만드는 공장을 운영했다. 초등학교만을 나왔으나, 어떤 연유에서인지 18세 때에는 서당에서 아이들에게 한자를 가르쳤다고 한다. 그리고 20세쯤부터 기무라 다쓰고로라는 사람에게 활쏘기를 배웠다. 천부적 재능이 있었던지 22세에 이미 최고 고단자가 되었고, 집 근처에 자신만을 위한 활 연습장을 만들었다. 30세가 되던 1910년에는 도쿄 제국대학의 궁술 강사에게 활쏘기를 배웠다. 이 무렵 아와는

거의 백발백중을 자랑하는 궁술의 달인이었으나,
이때까지만 해도 명중을 매우 중요시하는 여느
궁사와 다를 바 없었다. 그러다 1912년 경 아와는
궁술에 관한 오래된 책 한 권을 손에 넣었다. 이 책의
저자는 활쏘기의 기술들을 총 망라한 다음 "그 무엇도
필요하지 않음을 나는 안다"라고 말했는데, 아와는
이 문장에 큰 공감을 했다고 한다. 이 말에 기초해서
아와는 단지 기술적 숙련만을 강조하는 기존의 궁술을
비판하면서 독자적인 '사도射道'를 내세우기 시작했다.
그는 '사도'를 통해서 인간의 본성에 도달할 수 있다고
주장했지만 동료들은 그를 미치광이 취급 했다. 그러나
아와는 당시 일본의 유술柔術이 유도柔道로 변신하면서
많은 호응을 불러일으키고 있었던 데에 주목했다.
아와가 궁술을 궁도로 변화시키려 한 데에는 이러한
역사적 배경도 개재하고 있었다.
그러던 중 1920년 아와가 41세 되던 해, 그는
'대폭발'의 경험을 했다고 한다. 그의 전기 작가 한
사람이 재구성한 바에 따르면 그의 대폭발의 경험은
다음과 같다.

"어느 늦은 밤, 식구들은 모두 잠들었다. 모든 것이
정적에 싸여 있었고, 보이는 것은 평화롭게 비치고

있는 달뿐이었다. 아와는 활터에 들어가서 아끼는
활에 화살을 재우고 과녁을 마주하고 섰다. 그는
결말을 보고 싶었다. 육신이 먼저 스러질 것인가? 그의
정신이 영생으로 들어갈 것인가? 무발통일無發統一!
그는 이 한 발로써 모든 것을 결정짓겠다고 결심했다.
엄청난 투쟁이 시작되었다. 그의 육체는 이미 한계를
넘어섰다. 생명이 여기서 끝날 듯 했다. 마침내 '이제
죽는구나'라는 생각이 뇌리를 스치는 순간, 엄청난
굉음이 하늘에서 울려 퍼졌다. 그는 이 소리가
하늘에서 들려 왔음에 틀림없다고 생각했다. 왜냐하면
퉁긴 활시위와 과녁에 꽂히는 화살에서 그렇게 맑고,
높고, 강한 소리가 난 적은 한 번도 없었기 때문이다.
그 소리를 들었다고 생각한 순간, 그의 자아는 무수한
먼지 알갱이가 되어 산산이 날아갔고 그의 눈에는
현란한 색채들이 눈부시게 드러났고, 천둥 같은 파장이
하늘과 땅을 채웠다."

이 대폭발의 체험 이후 아와는 '한 발의 발사에 목숨을
건다.' 또는 '발사에서 본성을 깨닫는다'라는 통찰을 갖게
되었다. 아와는 활과 선이 서로 다르지 않다고 주장을
하면서, '대사도교大射道教'를 창설하였다. 헤리겔이
아와의 제자가 된 것은 그 한 해 뒤의 일이었다.

대폭발 이후 아와는 원인 모를 질병에 시달리기도
하다가, 1939년 60세를 일기로 세상을 떠났다. 따라서
헤리겔이 배운 궁도는 일본의 여러 유파의 궁도 중에서
아와 겐조라는 특이한 인물이 창시한 것이며, 따라서
일본 궁도 전체를 선불교의 전통과 연결 짓는 것은
무리라는 점을 유의할 필요가 있다.

| 깨달음으로 가는 도정 |

이 책이 출판된 지 어언 60여년이 지났음에도 이 책은
여전히 세속의 명리名利에서 벗어나려는 사람들의
관심을 끌고 있으며, 어떤 종류의 것이든 기예kunst
또는 예술art의 길에 들어 선 사람들에게 끊임없는
영감을 불어 넣고 있다. 사진, 골프, 침술, 무술,
바이크, 그 밖의 각종 스포츠에 심취한 사람들은
이 책에서 말하는 '위대한 가르침'의 경지에서 많은
공감과 매력을 느낀다. 그래서 이 오래된 책은 아직도
현재성을 잃지 않고 있다. 이 책의 이러한 위력은
도대체 어디에서 유래하는 것인가? 그것은 기예를
습득하는 과정이 단지 기술적 통달의 과정에 그치지
않고 필연적으로 정신적 깨달음의 과정과 결부되어
있다는 것을 사실적으로 증언하고 있다는 점 때문일
것이다. 먼저 깨달음을 얻은 스승의 카리스마 넘치는

지도와 도저히 불가능하게 보임에도 스승의 가르침에 따라 연습에 연습을 거듭하는 제자의 수련 과정 그리고 기예 속에서 사물적인 세계와 영적인 세계가 합일되는 경이로운 경지가 거기에 펼쳐지고 있기 때문일 것이다. 그것은 자아와 우주의 경계가 사라지면서, 완고하고 편협한 자아가 급격하게 확장되는 물아일체의 경험으로 귀결된다. 이러한 자기해방의 경지야말로 모든 기예의 길에 들어선 사람들이 꿈꾸며 거기에 도달하고자 혼신의 노력을 기울이고 있는 바로 그 경지일 것이다.

| 이 책에 접근하는 세 가지 관점 |

내가 맨 처음 이 책에 대해서 알게 된 것은 다문화주의 및 다문화 교육에 관련된 논문을 통해서였다. 하도 오래전이라 논문의 내용은 아슴푸레하지만 서로 이질적인 문화 간의 직접적 만남—거의 충돌이라고 해야 할 만남—의 사례로서 이 책은 인용되었다. 독일철학의 전형적이고 논리적인 사유 방식을 가진 사람(헤리겔)과 선불교와 궁도를 결합시킨 활의 명인(아와 겐조)이 만나면서 벌어진 굴곡진 배움의 이야기는 곧 문화적 만남의 이야기이다. 이 책은 문화 간의 만남에서 벌어진 이해와 오해, 불신과 신뢰,

분열과 종합의 이야기를 담고 있다. 그러므로 세계화의 흐름 속에서 첨예화되고 있는 다문화적 문제의식을 가진 사람들은 이 책에서 많은 시사점들을 얻을 수 있을 것이다. 이런 점에서 이 책은 문화 간의 만남과 소통에 관한 생생한 자료를 제공한다. 그러나 두 개의 극단적으로 이질적인 문화를 매개시켜 준 하나의 중요한 모티브가 이 책에는 포함되어 있다. 그것은 '초월성'이다. 일본에 체류했던 모든 서양인이 선사상을 체득하는 데 성공한 것은 아니다. 만약 저자 헤리겔이 젊은 시절부터 신비주의, 즉 오성적 사유의 한계를 넘는 초월적인 것에 대한 내밀한 관심을 가진 사람이 아니었다면 이 책에서 볼 수 있는 생산적인 만남의 과정은 불가능했을 것이다.

이 책의 내용과 다른 문헌들을 통해서 볼 때, 헤리겔은 일본 궁도를 통해서 동양의 고유한 선사상을 체득했고, 처음에 일본에 올 때와는 전혀 다른 사상과 태도를 가진 사람이 되어 독일로 돌아갔다. 한 인간을 이렇게 변화시킨 것은 무엇이었을까? 그리고 한 인간을 깊은 내면으로부터 변화시킨 깨달음의 내용은 무엇이었을까? 독자들은 헤리겔이 궁도를 배워나가는 굴곡의 과정을 추적함으로써 이러한 문제에 대한 각자의 답을 얻을 수 있을 것이다. 이런 점에서 이 책은 깨달음에 대한 하나의 소묘이다.

이 책이 포함하고 있는 또 하나의 중요한 의의는 '가르침과 배움'에 대한 이야기라는 데 있다. 헤리겔이 스승인 아와 겐조에게 활쏘기를 배우는 과정은 교사의 주도적 인도와 학생의 자기활동이 조화롭게 결합되어 있는 교수학습 과정에 대한 하나의 전형을 보여준다. 혹자들은 동양적인 교수학습은 결국 선인들의 깨달음을 반복을 통해서 통째로 외워버리는 것이 아니냐고 생각할 것이다. 그래서 때로는 현대 한국 학교에서의 주입식 교육의 근원을 전통적인 교육 및 학습 방식의 탓으로 돌리기도 한다. 그러나 적어도 이 책에서 보이는 선불교적인 교수학습은 결코 학생을 지식이나 채워야 할 빈 그릇이나 각인되어야 할 밀랍 덩어리 같은 것으로 보지 않는다. 학생은 스승이 깨달음에 도달했던 과정을 각자 자기 나름의 방식으로 걸어갈 것을 요구받는다. 이러한 과정을 교육학자들은 구성적constructive 과정이라 부르는데, 이러한 구성적 과정은 이미 깨달음에 도달한 스승의 인도가 없다면 불가능하다. 학생은 한없는 신뢰로서 스승에게 다가가야 하며, 반면 스승은 제자가 스스로 느끼고 행해야 할 몫을 성급하게 빼앗아 오지 않는다. 스승은 자신의 깨달음이 마치 현금 이체를 하듯 한

계좌에서 다른 계좌로 이전될 수 없는 것임을 잘 알고 있기 때문이다. 스승은 한 없이 기다리면서도 제자가 공부를 게을리 하지 않도록 고삐를 바투 쥐고 놓아 주지 않는다. 그러다가 꼭 필요한 곳에서는 제자의 도약을 가능하게 하는 계기를 제공한다. 이런 동양적인 교사의 모습을 우리는 이 책에서 발견할 수 있다.

| 맺음말 |

이 책이 나에게 선사한 작은 영감으로 맺음말을 대신하고 싶다. 그 영감은 특별난 것이 아니라 모든 기예에 대한 진지한 연습과 배움의 과정은, 동시에 내면의 안정과 자아의 확장을 가져온다는 평범한 사실의 재확인이다. 막장 인생인 교도소의 죄수들이 노래를 연습하고 익히면서 내면을 순화하고 서로를, 아니 인간성humanity 자체를 이해하게 되는 기적 아닌 기적을 크리스토프 바라티에 감독의 〈코러스〉(2005)는 형상화하였다. 뒷골목의 폭력배였던 청소년들이 권투를 배우고 농구를 배우면서 사회적이며 도덕적인 인간으로 변모된 많은 사례들을 우리는 매스컴을 통해 자주 듣는다.

먼 곳으로 가지 않고 내 주변을 보면 자전거 안장

위에서 '물아일체'(당사자는 이것을 '오르가슴'이라고 표현하지만)를 느낀다는 가까운 친구가 있다. 그는 자전거를 타면서 종종 사이클과 자신이 하나가 되는 경지로 들어가는 듯하다. 물론 이러한 물아일체의 경험이 그의 내면을 어떻게 확장하고 정화시키는지 내가 직접 확인할 방법은 없다. 그러나 그의 말과 표정과 동작에서 적어도 그가 자신의 일에 나름대로 만족하고 있고 또 대체로 안정적이고 평화로운 마음상태로 일상을 살고 있다는 것은 분명하게 느낄 수 있다. '인생 별거 있나'라는 그가 종종 쓰는 표현은 결코 유치한 객기나 설익은 오만에서 오는 것이 아니라 많은 진지한 삶의 고뇌와 고통을 증류하여 나온 작은 깨달음이라고 나는 믿는다. 여기에 그의 라이딩이 중요한 기여를 하고 있음에 틀림없다.

나의 경우를 말한다면 나는 탁구 동호인이다. '탁구'를 치는 동안 나는 모든 잡념과 세속의 근심에서 벗어나 행복해지며, 마음의 안정을 느낀다. 탁구는 나의 꿉꿉한 삶에 활력을 불어넣는 한 모금의 샘물과도 같다. 이것은 다른 스포츠나 기예를 닦는 사람들도 충분히 공감할 수 있는 현상일 것이다.

이 책을 읽으면서 나는 이러한 스포츠나 기예의 기능이 단지 우연적인 사건이 아니며 또한 더 깊고 심오한 측면을 가질 수 있음을 깨달았다. 탁구를 포함한 모든 기예의 훈련과 배움의 과정 속에는 정신적 안정과 도덕적 정화의 기능이 포함되어 있음을 헤리겔의 활쏘기 훈련은 생생하게 보여 주었다. 이제 나는 탁구를 단지 건강과 체력 유지를 위한 수단이나 승부욕을 충족시키는 수단으로서가 아니라, 탁구라는 하나의 기예 속으로 나를 침잠시키는 과정 그 자체에 관심을 돌리려 노력한다.

게임에서 이기는 것이나 또 공을 넘겨 득점을 하는 것 자체는 더 이상 '가장 중요한 것'이 아니다. 내 동작이 얼마나 간결하고 자연스러우며 나의 몸과 라켓과 공이 얼마나 서로 조화를 이루었는가가 중요하다. 타구 동작의 간결함이 주는 상쾌함은 때린 공이 어디로 갔는가와 무관하다. 그러고 보니 이전부터 탁구장의 코치 선생님은 이렇게 말했었다.

"힘을 빼세요! 치지 않은 듯이 치세요! 더 기다리세요!"

신기하게도 헤리겔의 스승 아와 겐조가 했던 말들과 똑같다. 이제 감히 도반道伴이라고 부르고 싶은 경험 많은 탁구장 동료들은 이렇게 말한다.

"끊임없이 연습을 하면 어느 순간 머리보다 몸이 알아서 먼저 움직이게 돼요!"

몸이 알아서 먼저 움직인다는 것은 나의 움직임의 주체가 나의 의식이 아니라는 말이 아닌가? 그렇다면 그때 나를 움직이는 것은 무엇인가? 그것은 헤리겔이 발사의 주체라고 말한 '그것'과 다른 것일까? 물론 양자를 똑같은 차원에 놓을 수는 없겠지만 거기에는 분명히 유사성이 있다.
얼마 전 어느 일간지에서 국가대표 탁구 선수였던 현정화 님의 인터뷰 기사를 읽었다. 거기에서 그이는 이렇게 말했다.

"상대방을 보지 않고 공만 보고 뛰다 보면 어느 순간 나와 라켓과 공이 하나가 되는 순간이 옵니다."

이 구절을 읽는 순간 나는 마음에 작은 '폭발'이 일어났다. 그이의 말이 사실이라면, '선'에서 이야기하는 물아일체와 주객통일의 순간은 어쩌면 그렇게 아득히 멀리 있는 것이 아님에 틀림없다! 그것은 어떤 특정한 목적을 위해서 자신의 몸과 의식과 사물을 유기적으로 동원하고, 상호 조정하는 훈련을 쌓고 또 쌓고 그래서 그것이 마치 자동적인 과정처럼 되고, 더 나아가 애초의 목적 자체를 의식하지 못할 정도로 객관적 사태에 몰입하여 그것과 하나가 될 때 누구나 경험할 수 있는 것이 아닐까?

어쨌든 한 기예의 명인이 되는 과정은 단지 육체적이고 기술적인 의미만을 갖는 것이 아니다. 그것은 분명―아와 겐조의 '대폭발'의 경험처럼 꼭 화려하고 장엄한 것이 아닌 경우에도―세파에 찌들기 쉬운 우리의 마음을 열어 주고 확장시켜 주는 '도덕적' 순화의 효과를 지닌다. 헤리겔의 체험은 초월적 '선'의 경지가 기예의 끝없는 연습과 훈련이 초래하는 자아 확장과 동전의 양면을 이루고 있음을 보여 주었다. 이런 의미에서 나는 갖가지 영역에서 단지 기술자가 아니라 달인의 경지 또는 '기예 없는 기예'의 경지를 꿈꾸면서 지금 이 시각에도 연습과 훈련의 고통을 감수하고 있을 많은 분들에게 감히 이 책을 바치고자 한다.

이 후기를 쓸 때 해탈이나 깨달음의 경험과 연관하여 나의 대화 상대를 기꺼이 맡아 주시고, 또 여러 가지 자료를 소개해 주셨던 고려대학교 교육문제연구소의 김영래 선생님에게 감사드린다. 그리고 헤리겔의 이 책에서 역자 못지않은 깊은 감동을 받아 어려운 여건 속에서도 과감히 출판을 결정하신 걷는책의 최재균 대표님 그리고 탁월한 언어 감각으로 역자의 둔재를 일깨워 주신 편집자 양인숙 님께 감사드린다.

2012년 2월
정창호

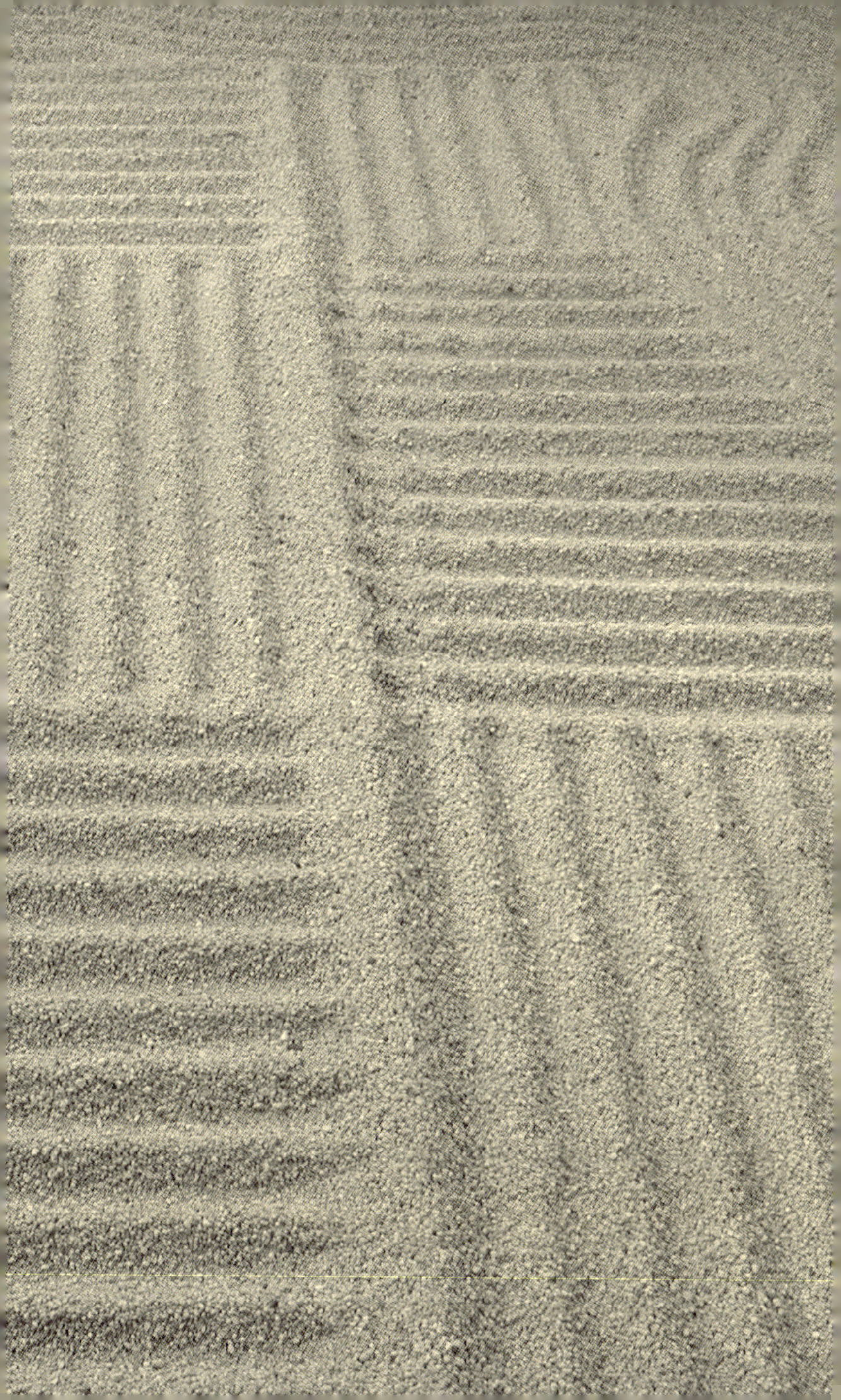

마음을 쏘다, 활

1판 1쇄 발행	2012년 3월 15일
1판 7쇄 발행	2025년 5월 1일
지은이	오이겐 헤리겔
옮긴이	정창호
펴낸이	최재균
편집	양인숙
마케팅	김승환
디자인	로컬앤드
펴낸곳	걷는책
등록번호	제300-2001-7호
전화	02 736 1214
팩스	02 736 1217
이메일	book@mphotonet.com

걷는책은 일반, 교양 단행본 브랜드로 포토넷PHOTONET, 포노PHONO와 함께 티앤에프 출판사업부의 임프린트입니다.

이 책은 《Zen in der Kunst des Bogenschiessens》(1951)를 번역한 것입니다.
신저작권법에 따라 보호를 받는 저작물이므로 무단 전재와 복제를 금합니다.

ISBN 978-89-93818-36-9 03800
책값은 뒤표지에 있습니다.
잘못 만든 책은 구입하신 곳에서 교환해 드립니다.

걷는책 따뜻한 문화 | PHOTONET 사진과 시각예술 | PHONO 음악, 삶의 풍요